DE L'ORIGINE, DE L'ESPRIT

ET DES CAS D'APPLICATION

DE LA MAXIME

LE PARTAGE

EST DÉCLARATIF DE PROPRIÉTÉ;

MÉMOIRE

couronné par la Faculté de Droit de Dijon, le 15 novembre 1854

dans la Séance solennelle de Rentrée;

PAR

STÉPHEN LIÉGEARD

AVOCAT PRÈS LA COUR IMPÉRIALE DE DIJON.

Seconde Édition.

PARIS

AUGUSTE DURAND, LIBRAIRE-ÉDITEUR

rue des Grès-Sorbonne, 5.

DIJON, LAMARCHE ET DROUELLE, LIBRAIRES

place Saint-Etienne.

1855

DE L'ORIGINE, DE L'ESPRIT

ET DES CAS D'APPLICATION

DE LA MAXIME

LE PARTAGE EST DÉCLARATIF

DE PROPRIÉTÉ.

DIJON

PRESSES MÉCANIQUES DE LOIREAU-FEUCHOT

place Saint-Jean, 1 et 3.

DE L'ORIGINE, DE L'ESPRIT

ET DES CAS D'APPLICATION

DE LA MAXIME

LE PARTAGE

EST DÉCLARATIF DE PROPRIÉTÉ;

MÉMOIRE

couronné par la Faculté de Droit de Dijon, le 15 novembre 1854

dans la Séance solennelle de Rentrée;

PAR

STÉPHEN LIÉGEARD

AVOCAT PRÈS LA COUR IMPÉRIALE DE DIJON.

Seconde Édition.

PARIS

AUGUSTE DURAND, LIBRAIRE-ÉDITEUR

rue des Grès-Sorbonne, 5.

DIJON, LAMARCHE ET DROUELLE, LIBRAIRES

place Saint-Etienne.

1855

AVERTISSEMENT.

———

Chaque jour se fait sentir davantage l'influence salutaire des monographies sur les progrès de la science juridique. Sans doute on serait mal venu à ne pas rendre pleine justice à ces grands traités qui comprennent dans leur ensemble le commentaire d'une législation tout entière. La renommée qui s'attache aux noms de leurs auteurs est une preuve suffisante de leur incontestable mérite. Mais, par cela même que la lumière se répand sur une surface plus étendue, elle perd quelque peu de son intensité ;

« Le bras qui la versait en devient plus avare, »

pour nous servir de l'expression du poète, et plusieurs parties restent souvent dans un demi-jour voisin de l'obscurité. Ce n'est là, après tout, que la conséquence forcée d'une loi de la physique. Resserrez au contraire dans un cercle plus étroit le champ de l'observation, et la clarté se fera au lieu des ténèbres. Rétrécissez le cadre, et plus d'un détail naguère inaperçu sortira en relief sur les plans rapprochés. Telle est l'utilité de la monographie. En agissant dans sa sphère modeste, soit qu'elle dirige ses recherches sur des points encore inexplorés, soit qu'elle groupe dans un ordre nouveau des faits déjà reconnus par les jurisconsultes antérieurs, elle conduit l'esprit hors des sentiers battus et se fraie une route qui lui est propre. C'est surtout au point de vue historique qu'elle a produit ses meilleurs résultats. Grâce aux emprunts faits aux monuments des siècles passés, elle jette la clarté sur des dispositions législatives souvent incomprises. Ces investigations patientes, que doivent s'interdire des œuvres de longue haleine, sont donc un titre de plus à l'accueil bienveillant dont elle est l'objet.

C'est dans le but de favoriser le développement de ces travaux partiels qu'ont été instituées les médailles du doctorat; c'est pour marcher dans ces voies récentes ouvertes à la science que la Faculté de Dijon a mis au concours la fameuse question à laquelle répond ce Mémoire.

Tout le monde connaît la belle dissertation de M. Championnière sur l'origine de la règle que consacre l'article 883 du Code civil. Si cette plume brillante, trop tôt brisée pour la science, eût envisagé le problème sous toutes ses faces, il eût été plus qu'imprudent de vouloir entrer en lice avec elle. Mais elle n'a fait que le toucher en un point, laissant intactes les autres parties du programme tracé par notre Faculté. Pour ce qui est de l'origine de la Maxime, première division du Mémoire, et si l'on en excepte la partie romaine, presque omise par lui, nous n'avions guère qu'à glaner derrière les pas de l'auteur du *Traité de l'enregistrement*. Sa science profonde d'antiquaire nous faisait un devoir d'abréger le modèle, aux risques de le mutiler, plutôt que de le suivre en ses doctes pérégrinations. Mais, ce premier pas franchi, il restait à déterminer l'esprit et les cas d'application de cette maxime, à suivre la marche du principe en ses diverses ramifications, soit dans la législation civile, soit dans la législation fiscale, et ce travail de synthèse avait tout l'attrait de la nouveauté. Cette considération nous a déterminés à le publier au profit d'un petit nombre d'amis bienveillants. L'accueil favorable que lui ont fait plusieurs Revues savantes nous engage à en donner une seconde édition. Voici, entre autres appréciations, comment s'exprime à ce sujet la *Revue bibliographique et critique*, aux derniers mots de son article :

« Le travail de M. Liégeard est complet et doit être accueilli avec faveur par tous ceux qui s'occupent d'études juridiques ; il est digne de leur attention sous plus d'un rapport, mais surtout par la forme, et se recommande encore à eux par le suffrage si éclairé de la Faculté de Dijon, qui l'a jugé digne de recevoir la médaille d'or de doctorat. »

Sous les auspices de ces bonnes paroles, nous reproduisons ce Mémoire augmenté d'une table dont les indications doivent faciliter les recherches. Nous n'osons pas sans doute nous flatter d'avoir résolu toutes les difficultés qui naissent de cette matière féconde en controverses ; mais, du moins, nous nous estimerons heureux si, en appelant l'attention des jurisconsultes sur une partie de notre législation pleine d'intérêt, nous provoquons de plus habiles à y apporter leur concours de lumière et de talent.

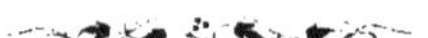

INTRODUCTION.

Nec fas est scire omnia.
(Hor.)

Avant de répondre à la belle et vaste question posée par la Faculté, il ne nous semble pas inutile d'esquisser à grands traits le plan de ce Mémoire. Ainsi le voyageur, avant de se mettre en marche, dresse rapidement la carte des pays qu'il doit parcourir, et marque d'un trait sur le papier les étapes où il compte s'arrêter.

Les principaux points de repère nous sont fournis par l'énoncé même du sujet.

Le premier chapitre est destiné à découvrir, au milieu des obscurs commencements de la Monarchie française, l'origine de la Maxime et les lents progrès de son développement. Nous ne nous avançons dans ces préliminaires que les textes de nos vieux juristes à la main, et nous demandons souvent à l'histoire quelques reflets de son flambeau, pour éclairer ces pénibles mais curieuses investigations. Nous avons cru aussi, suivant en cela l'exemple des jurisconsultes anciens, devoir rattacher à la maxime que *le partage est déclaratif de propriété* cet autre principe non moins célèbre que le Moyen-Age vit éclore à la faveur de son esprit antifiscal, et qui s'est perpétué jusqu'à nous sous une formule presque triviale à force d'être répétée : *Le mort saisit le vif*. Cette première partie, sorte de base indispensable à l'édifice, se termine au moment où le législateur de 1804 sanctionne de son autorité la règle inventée par la France coutumière.

Quel est l'esprit de la Maxime? Telle est la question à laquelle est chargé de répondre le second chapitre. Nous y déterminons dans quel cercle précis doit être renfermée la fiction pour produire ses plus louables effets.

Le troisième traite des cas d'application de la Maxime. C'est naturellement le plus étendu. Nous y passons successivement en revue les résultats principaux de son action en matière de cohérédité, de communauté entre colégataires, codonataires ou coacheteurs; de communauté légale, de régime dotal, de société, de prescription. Six sections répondent à ces six branches mères du sujet. La première présente des détails plus abondants que les autres, sur qui elle rayonne de toutes parts.

Enfin, un quatrième chapitre est ajouté par nous comme le complément indispensable du Mémoire. Nous y examinons les restrictions apportées à cette règle libérale par l'adroite interprétation du Trésor aidée du concours de la jurisprudence. Ce n'est pas le point de vue le moins intéressant de cette question complexe.

DE L'ORIGINE, DE L'ESPRIT

ET DES CAS D'APPLICATION

DE LA MAXIME

LE PARTAGE EST DÉCLARATIF

DE PROPRIÉTÉ.

❈

CHAPITRE PREMIER.

—

De l'origine de la Maxime.

Qui a compagnon a maître.... — *De biens communs on ne fait pas monceau.* De cette maxime à termes doubles et à sens unique, échappée à la plume naïve d'un vieux jurisconsulte, mais répétée depuis longtemps déjà par l'écho des siècles, est sortie tout armée l'idée première du partage.

I

Parmi les contrats, le partage peut revendiquer son droit d'aînesse; le raisonnement et l'histoire s'accordent pour établir cette vérité. La communauté de biens est un état contraire aux exigences de notre nature et qui, partant, ne saurait durer. Convenable et nécessaire peut-être aux âges primitifs du monde, alors que les hommes, dans la période d'innocence, recueillent les fruits d'une terre qui pourvoit abondamment à leurs besoins, elle a dû disparaître bientôt devant l'accroissement de l'espèce humaine et l'amour naissant de la propriété. Les racines de la famille patriarcale s'étendant loin du tronc, chacune d'elles voulut avoir sous le ciel un filon qui lui fût propre, un coin de terre où elle pût se développer à l'aise. Dès le commencement donc des sociétés, l'histoire sacrée en fait foi dans maint passage de la Genèse, les hommes posèrent d'une main jalouse la borne qui sépare leur champ du champ voisin; ils partagèrent entre eux la terre encore inculte, et depuis, d'âge en âge, leurs enfants ont suivi cet exemple. L'idée de la propriété était née avec l'homme : l'idée du partage se développa presque parallèlement, comme le complément naturel et indispensable de la première.

Le partage émanant du droit naturel, que reste-t-il à la loi civile? A en établir le caractère, à en déterminer les effets.

Essayons d'abord, indépendamment de tout système préconçu, en dehors de toute législation positive, de pénétrer la nature vraie de ce contrat. Tant que l'indivision subsiste entre les divers copropriétaires, les droits de chacun d'eux planent et reposent également sur la totalité de la chose indivise. Ils se croisent et se réunissent en tous sens, sur le tout ainsi que sur la partie, sur la parcelle comme sur la molécule; pas un des atomes n'échappe à cette lutte de prétentions rivales. Mais le partage arrive, qui met fin à cet état d'incertitude. Chacun des copropriétaires reçoit un lot certain et déterminé. Un exemple va le faire sentir. Titius et Mævius possèdent par indivis le fonds Cornélien et le fonds Tusculan : chacun d'eux a droit à la moitié de ces deux fonds et de chaque fraction de ces deux fonds. Le partage consommé, le fonds Cornélien échoit à Titius; Mævius reçoit le fonds Tusculan. Mais Titius n'avait droit qu'à la moitié du fonds Cornélien : il a donc acquis l'autre moitié. De qui? Du chef de Mævius. Réciproquement, Mævius ne pouvait prétendre qu'à la moitié du fonds Tusculan :

puisqu'il le possède en totalité, c'est donc qu'il a acquis l'autre moitié. De qui? Du chef de Titius. Il s'est fait entre les deux copropriétaires un échange de leurs parts indivises : chacun d'eux a acquis, chacun d'eux a aliéné, chaçun d'eux a reçu en même temps qu'il transférait, et, s'il nous est permis d'employer une expression un peu barbare, mais qui rend bien notre pensée, il s'est produit à la fois un double effet dévestitif et dévolutif.

Telle est la nature réelle du partage, un échange.

Ce caractère n'avait pas échappé à l'œil pénétrant des jurisconsultes romains. Ils avaient reconnu, à la simple inspection du contrat, qu'il s'opérait un échange entre les parts indivises des copartageants; ils avaient constaté tout à la fois un titre d'acquisition et un titre d'aliénation. Un titre d'acquisition! Rappelons-nous, en effet, comment s'opérait le partage; rappelons-nous ces fameuses actions mixtes *tam in rem quam in personam*, action en détermination de limites (*finium regundorum*), actions divisoires (*familiæ erciscundæ* et *communi dividundo*) qui ne furent pas inventées seulement pour la torture des interprètes modernes, mais qui (but plus louable et plus utile) aboutissaient à l'attribution de la propriété par le juge, à l'adjudication. Or, depuis le berceau de la législation romaine jusqu'aux compilations du Bas-Empire, l'adjudication apparaît au premier rang des moyens d'acquérir la propriété. Nous la trouvons gravée avec ce caractère sur l'airain des Douze Tables; des fragments du Digeste, des passages de Festus et de Cicéron en font foi. Nous la trouvons encore à l'âge d'or de la jurisprudence romaine, vers le temps de Gaïus et d'Ulpien : *Adjudicatione dominia nanciscimur*, dit ce dernier, au titre XIXe de ses Règles. Nous la retrouvons enfin jusque sous le règne de Justinien, consignée dans l'avant-dernier titre de ses Institutes. « Toute chose adjugée en vertu de ces actions (*Fam. ercisc.*, etc.) devient immédiatement la propriété de l'adjudicataire, » porte le dernier paragraphe du titre XIIe. Ainsi, sans nul doute, sous le partage romain s'abrite une acquisition : comme contre-partie de ce principe, s'y abrite également un titre d'aliénation. De nombreux textes du Code ou du Digeste mettent ce point hors de toute controverse. Qu'il nous suffise d'en citer un, la loi 18 (Dig., § 2, *De castrensi Peculio*), qui défend le partage au copropriétaire lorsqu'il n'a pas la capacité d'aliéner. Donc, à Rome, partager c'est acquérir, partager c'est aliéner ; d'où les commentateurs modernes, prenant ces effets et les résumant en un mot, ont dit que, sous l'empire de cette législation, le partage était *translatif de propriété*.

Quant à la question de savoir si le partage était un échange plutôt qu'une vente, une vente plutôt qu'un échange, nous n'y attacherons qu'une mince importance. Les textes paraissent fort en désaccord à ce sujet. Tandis, en effet, que la loi **77**, § 18, *De legatis* 2°, prend le mot d'échange (*permutatio*) comme synonyme de partage, la loi première au Code, *Com. utr.*, assimile ce contrat à la vente. Plusieurs autres passages présentent la même antinomie. De là, grande lutte des glossateurs divisés en deux camps, les uns tenant pour la vente, les autres pour l'échange ; de là, indécision de Dumoulin lui-même qui, ayant à donner une définition du partage, transige avec ses doutes et qualifie ce contrat du nom élastique de *mixte*. Pour nous, il nous semble qu'on peut facilement arriver à la solution de ce nœud Gordien. Sans remonter à l'origine du contrat de vente, qui se confond avec celui d'échange, sans invoquer cette lutte curieuse des deux écoles opposées qui, à défaut d'arguments sérieux, faisaient arme des vers d'Homère pour réunir ou pour séparer les deux contrats, ne pouvons-nous pas mettre d'accord ces opinions divergentes en leur donnant à chacune gain de cause? Tantôt, en effet, le partage était un échange, tantôt il était une vente, tantôt il était l'un et l'autre. Il était échange dans le partage en nature, vente dans la licitation, échange et vente au cas de soulte. Cette explication, que n'a donnée, à notre connaissance du moins, aucun des commentateurs de la loi romaine, nous paraît merveilleusement concilier les deux opinions contraires. Au reste, qu'on l'admette ou qu'on la rejette, il n'en reste pas moins acquis que le partage, à Rome, contient des cessions et acquisitions réciproques, qu'il est translatif de propriété.

Ce point admis, les jurisconsultes, avec leur puissance de logique si remarquable, en avaient immédiatement tiré la conséquence relativement à l'hypothèque. Cette conséquence, la voici : La part indivise que l'un des cohéritiers a hypothéquée durant l'indivision passera aux copartageants avec la charge dont elle est grevée. Qu'est-ce, en effet, que le partage? Une cession. Or, il est de règle que l'on ne peut céder son droit que dans l'état où il se trouve au moment de la cession, partant, avec les hypothèques ou autres charges qui pèsent sur lui. On cite généralement deux lois à l'appui de cette déduction : la loi 6, § 8, Dig., *Communi dividundo*, et la loi 7, § 4, Dig., *Quib. mod. pign.* La dernière est la plus précise : elle appartient à Gaïus. « Il faut tenir pour certain, nous dit l'auteur des Institutes, que si quelqu'un donne hypothèque sur la part indivise qu'il a dans la chose commune, le partage survenant, l'hypothèque ne pèsera pas seulement sur la part échue au lot de celui qui l'a constituée, mais elle subsistera indivisément sur les deux lots, chacun pour la moitié. » Il est impossible de confirmer en termes plus formels la règle que nous avons signalée.

Si un pareil système avait ses avantages, on en comprend aussi les inconvénients. L'intérêt des tiers était sauvegardé, il est vrai; mais la sécurité des partages était anéantie. On maintenait les droits acquis au prix de la paix des familles : la digue était rompue, et, par la brèche entr'ouverte, les procès faisaient irruption sous la forme de recours incessamment répétés. C'est ce que ne pouvaient se dissimuler les partisans les plus acharnés du principe. Aussi voyons-nous, dans la loi 6, § 8, précitée, le jurisconsulte Julien être d'avis que l'*arbiter*, en attribuant à l'un des copropriétaires un objet qui est hypothéqué du chef de l'autre, doit, dans son estimation, se tenir au-dessous du prix véritable (*minoris æstimare*), à raison du préjudice que causera l'action du créancier. L'auteur du traité *des Religions*, Trébatius, alla plus loin. Son opinion est consacrée dans la loi 31, au Digeste, *De Usu et Usuf*. Voici l'espèce : deux individus possédaient un fonds par indivis; l'un d'eux meurt laissant l'usufruit du fonds à sa femme, et son héritier demande qu'il soit procédé au partage avec le communiste restant. Trébatius, consulté sur la question de savoir sur quoi porterait l'usufruit, répondit que, l'arbitre ayant réglé les parts, l'usufruit de la femme devait porter en totalité sur la part échue au lot de l'héritier, affranchissant celle du communiste. On aperçoit tout de suite le renversement du système consacré. C'était admettre la rétroactivité du partage : c'était aller contre toutes les idées reçues. Aussi cria-t-on à l'hérésie! Le disciple de Trébatius, Labéon, fut le premier à attaquer le maître. *Ego hoc falsum puto*, s'écrie-t-il dans son indignation juridique. Avant le partage, l'usufruit reposait pour moitié *pro indiviso* sur le fonds tout entier : or, un arbitre n'a pas pu, en prononçant sur des intérêts étrangers, renverser un droit légitimement acquis; et il termine en constatant par la formule en usage : *Quod et receptum est,* le triomphe de sa doctrine. C'est assez le sort des génies novateurs de jeter en passant le germe d'une idée dont le vent du moment fait justice, mais qui, tombant plus tard sur une terre fécondée par les siècles, se développe et produit des fruits. Ainsi la théorie des conditions résolutoires sortit du cerveau d'Ulpien et prit place au Digeste avant qu'aucun des prudents en soupçonnât l'existence. De même, et deux cents ans plus tôt, le favori d'Auguste avait fait rétroagir le partage au jour où l'indivision prend naissance. Mais le temps n'était pas encore venu où le système déclaratif était appelé à prévaloir; bien des révolutions devaient se succéder, bien des empires s'écrouler et renaître, avant que la vérité du principe se changeât en axiome. Aussi, malgré l'immense crédit de son auteur, l'avis de Trébatius, unanimement rejeté de ses contemporains et des jurisconsultes postérieurs, resta-t-il inséré au Digeste comme une protestation isolée et curieuse d'une idée naissante contre une doctrine vieillie qui devait lentement se modifier au creuset des révolutions.

Les principes du droit romain passèrent à l'état de loi dans nos pays de droit écrit et durèrent aussi long-temps qu'eux. C'était de la France coutumière que devait surgir, d'empiétements en empiétements et sous l'égide d'une pratique constante, cette doctrine opposée du partage déclaratif que sanctionna de son autorité le plus beau de nos Codes.

Poursuivons donc notre route au milieu des né-buleuses origines de la monarchie, et tâchons d'y suivre pas à pas le développement de notre Maxime.

Lorsque l'Empire romain se fut écroulé sous la main des Barbares pour disparaître dans le flot in-cessant des invasions du Ve siècle, les germes de la féodalité, importés des forêts de la Germanie, com-mencèrent à se développer dans la Gaule envahie. Chez les Germains, en effet, les vassaux existaient déjà ; c'étaient les compagnons du chef. Celui-ci les attachait à sa personne non par des concessions de terre, leur caractère nomade et guerrier s'y opposait non moins que la constitution politique du pays, mais par des dons et par des présents. Les fiefs étaient donc déjà connus chez ces peuplades sauvages, comme l'observe judicieusement Montesquieu : seu-lement ils consistaient en chevaux, en armes, en repas ; la guerre et les rapines fournissaient à ces grossières mais abondantes munificences. Tacite , dans son tableau romanesque et quelque peu flatté des mœurs germaniques , nous donne sur ce point de précieux détails, que l'espace naturellement restreint de ce Mémoire nous empêche , à notre grand regret, de consigner ici.

Quand la tribu des Francs fut transplantée, par suite de l'invasion, sur le sol de la Gaule, elle resta fidèle à ses anciens principes. Les chefs avaient besoin de compagnons pour conserver, pour augmenter le fruit de leur conquête, et ces compagnons ne prêtaient pas gratuitement leur concours. Il en était encore au Ve siècle comme à l'époque où Tacite écrivait ; seulement la nature des présents se modifia avec l'esprit des conquérants. L'amour de la propriété s'était peu à peu développé au cœur de ces barbares : ils s'attachaient à la terre qu'ils avaient arrosée de leur sang ; les chefs leur abandonnèrent des parcelles de cette terre. Le don d'un champ, la concession de quelques arpents remplaça les présents traditionnels de l'antique Germanie, la sanglante framée, le cheval de bataille avec son frein, le glaive et le bouclier. La terre échue par le sort au vainqueur, l'*alleu*, se démembra et le bénéficc cn sortit ; deux ou trois siècles encore, et le mot romain disparaîtra sous l'expression barbare. Le fief succède au bénéfice, le compagnon devient le vassal, le chef se change en suzerain. Dès lors toute terre a deux maîtres dépendants l'un de l'autre, rattachés entre eux par les liens de la fidélité et de la loyauté, double base sur laquelle repose l'édifice entier du système. Le vassal doit à son seigneur le service militaire, principal but du contrat, la foi et l'hommage ; le seigneur, de son côté, ne peut retirer le fief au vassal, moyennant l'accomplissement fidèle de ces devoirs. L'obligation est commune : « fidélité et félonie sont réciproques entre le seigneur et le vassal, » dira plus tard l'auteur des *Institutes coutumières*. Mais c'est un principe de tous les temps que le faible finit par subir la loi du plus fort. Le seigneur s'émancipa lui-même du lien de ses obligations, tout en maintenant le vassal sous la dépendance des siennes ; il put substituer un autre maître à ses droits comme à ses devoirs : il n'en fut pas ainsi du vassal. Pour lui, le fief conserva son caractère éminemment personnel ; conféré à vie, il ne put se transmettre héréditairement, il ne put s'aliéner sans l'assentiment du seigneur. Cette dernière prohibition fut même rudement sanctionnée dans certains pays. La preuve en est dans deux constitutions insérées au livre des fiefs et promulguées, l'une par Lothaire, l'autre par Frédéric (tit. LII, LV, *Feud.* lib. 2). Il faut lire dans cette dernière les plaintes des évêques, des ducs et des comtes, à la suite desquelles intervient la défense expresse de l'empereur de vendre le fief en tout ou en partie, de l'engager, de le démembrer, de quelque manière que ce soit, sans l'autorisation de qui de droit. Sous le coup de cet édit, auquel force rétroactive était accordée, le feudataire rebelle à sa disposition perdait le fief, qui faisait retour au seigneur ; là se bornait sa punition. Mais la rigueur de la loi jalouse des grands retombait de tout son poids sur le malheureux scribe qui avait rédigé l'acte. La privation de son office, l'infamie de son nom n'étaient que les préliminaires d'une peine qui aboutissait à la perte du poing. On coupait la main qui avait tenu la plume coupable : « manum amittat ! » Tel est l'*horrendum carmen* de la loi du temps sur le notariat. Ajoutons à notre gloire que cette sentence draconienne n'a jamais été exécutée sur le sol de l'ancienne France. Néanmoins ce double principe se perpétuait fécond et vivace : les fiefs sont intransmissibles, les fiefs sont inaliénables.

Le premier fut renversé par Charles-le-Chauve, qui donna le signal de l'attaque. La mort, en frappant Charlemagne, avait ouvert sa vaste main, et tant d'éléments opposés, contenus un instant par sa puissance, s'en étaient échappés et séparés pour toujours. Des fléaux de toutes sortes s'abattaient sur cet empire chancelant ; les Normands et les Sarrazins multipliaient leurs invasions, l'Etat était prêt à crouler. Charles sentit plus que jamais le besoin de s'attacher ses vassaux, et, pour mieux y parvenir, il déclara les fiefs héréditaires. Le capitulaire de Kierzy, rendu en 877, accorda dans son article III aux ducs, comtes et autres vassaux médiats ou immédiats l'hérédité de leurs offices et de leurs bénéfices. A partir de cet acte célèbre, le Gouvernement féodal se développe dans sa pureté. Le contrat de fief se multiplie, les alleux eux-mêmes tendent chaque jour à se ranger sous la loi du fief, qui assure du moins à ses tenanciers une jouissance paisible en échange de la propriété perdue. La féodalité victorieuse jette son vaste réseau sur toute la France,

et l'association sur laquelle elle repose s'étend depuis le roi, souverain fieffeux, jusqu'au dernier va-
vasseur.

Mais, ce que les hauts barons du royaume gagnaient
d'un côté au capitulaire de Kierzy, ils le perdaient
de l'autre. Vassaux par rapport au roi, ils étaient
suzerains à l'égard de leurs propres vassaux. Or, par
même raison qu'ils acquéraient le droit de transmettre leurs fiefs à leur descendance sans obtenir
l'assentiment royal, leurs feudataires pouvaient user
de ce bénéfice en se passant de leur agrément. Pour
se dédommager de cette liberté de disposer qui leur
était arrachée, ils établirent un droit qui prit le
nom de droit de *relief* ou de *rachat*. Sans doute le
vassal put transmettre son fief à ses enfants, encore
que son seigneur s'y opposât; mais cette faculté eut
pour contrepoids la nécessité de payer une certaine
redevance. Loisel, en ses Institutes coutumières,
nous a conservé le chiffre de cette libéralité forcée :
« Rachat, dit-il, est le revenu d'une année choisie
en trois immédiatement précédentes. » C'était là le
prix de la saisine seigneuriale; c'est ce que Coquille,
sur la coutume de Nivernais, appelle *une honneste
récompense*. Le seigneur conservait toujours le do-

maine direct de la terre qu'il avait inféodée. Cette terre lui retournait lorsque le possesseur du domaine utile venait à mourir; le défunt était censé s'être dessaisi entre ses mains. C'était donc à lui qu'on devait s'adresser pour obtenir la continuation de la tenure. L'auteur du grand Coutumier (liv. 2, chap. 21, p. 140) pose clairement en ces termes le principe de la double obligation du seigneur et du vassal : « Le seigneur direct est avant saisi que l'héritier; mais, *par faire hommage et par relief*, le seigneur direct doit saisir l'héritier... » Loisel, dans son style pittoresque, nous donne le détail curieux des formalités de l'hommage. Après avoir annoncé que tout vassal est tenu de la foi envers son seigneur, il nous apprend qu'il doit aller le trouver en son château, et là, le genou en terre, nu-tête et sans épée ni éperons, prêter le serment de foi et hommage, les mains jointes entre celles de son seigneur. La formule du serment et celle de la réponse nous sont également conservées. Un baiser solennel mettait le sceau à la cérémonie.

Cette nécessité de l'hommage et du relief subsista probablement jusqu'au milieu du XIIᵉ siècle. A cette époque, un grand changement s'était déjà opéré. La civilisation avait marché et la jurisprudence avec elle. A ces siècles de ténèbres, où les seigneurs, plus guerriers que jurisconsultes, tranchaient les questions de droit à la pointe de leur glaive, avait succédé une ère plus éclairée. L'usage du combat judiciaire se mourait de vieillesse. Au-dessus des coutumes, premiers progrès du droit sur la barbarie, commençaient à briller quelques reflets de la science des juristes de Rome. Le Digeste de Justinien, retrouvé vers l'an 1137, avait donné, en Italie, une impulsion nouvelle à des études longtemps abandonnées, et le contre-coup s'en faisait sentir en France. Sous cette influence favorable, un certain art de la procédure et de la jurisprudence commença à s'introduire. Il fallut se pénétrer des principes nouveaux du droit romain, il fallut étudier les coutumes nouvellement écrites ; c'était trop rude besogne pour des soldats ignorants. Les seigneurs se rendirent donc eux-mêmes justice, et, se retirant aux camps ou dans leurs forteresses, cédèrent la place aux jurisconsultes à longues robes qui, d'abord modestement assis à leurs pieds, finirent par s'élever au rang que l'étude leur avait assigné. Ceux-ci, issus des rangs les plus humbles de la so-

ciété d'alors, commencèrent une bonne et vigoureuse guerre contre la noblesse, qui les écrasait de
sa puissance. Irrités des excès qu'ils voyaient chaque
jour commettre sous leurs yeux, froissés dans leur
amour-propre comme dans leur intérêt, ils prirent
en main la cause du faible, qui était aussi la leur,
et songèrent à secouer le joug humiliant qui avait
pesé sur leurs pères. Ce fut au Digeste qu'ils em-
pruntèrent des armes : tout, à cette époque d'en-
thousiasme et de renaissance, s'expliquait par les
sentences de Paul ou par les règles d'Ulpien.

Un des premiers abus qui frappa les yeux de ces
hardis réformateurs fut l'obligation des droits de
relief imposée aux feudataires par l'avarice des seigneurs. Ils attaquèrent cette obligation. On sait qu'à
Rome la loi reconnaissait trois classes d'héritiers :
les héritiers *nécessaires*, les héritiers *siens et nécessaires*, les héritiers *externes*. Les derniers n'acquéraient pas *ipso jure* la propriété des biens transmis ;
l'*adition* leur était imposée, mot caractéristique de
leur situation. L'hérédité n'allait pas à eux, il fallait
qu'ils vinssent à elle. Mais, quant aux autres, rien
de semblable. Bon gré mal gré, ils étaient héritiers
dès l'instant de la mort du testateur, héritiers pour

leur fortune comme pour leur ruine, jusqu'au jour où l'interprétation bienveillante du prêteur introduisit les bénéfices de séparation de biens et d'abstention. Ce fut sur cet exemple que raisonnèrent les jurisconsultes coutumiers. Ils invoquèrent la copropriété de famille des héritiers siens et nécessaires, la continuation de la personne juridique du défunt. Ils s'appuyèrent de plus sur quelques mots d'une certaine loi *Cum miles* (Dig., 30, *Ex quibus causis maj.*) : « Possessio defuncti quasi juncta descendit in hæredes, » et, trouvant ainsi le principe de la saisine héréditaire dans la loi romaine, ils voulurent l'appliquer à la législation féodale. Ils décidèrent donc que toute personne décédée serait réputée avoir remis en mourant la possession de ses biens à son plus proche héritier habile à lui succéder, et non dans la main avare du seigneur. Sans doute, c'était là une fausse interprétation des textes du Digeste et des Institutes. Pithou et Cujas en font la remarque : « Errant doctores, » dit ce dernier, et il a raison. Sans doute, jamais à Rome la possession ne fut transmissible aux héritiers non plus qu'aux possesseurs de biens : elle ne fut jamais que le résultat de l'appréhension : « Possessio nisi naturaliter comprehensa ad nos non pertinet » (Dig., 23, *De adquir. vel amitt. poss.*) ; les textes sont formels. Mais les légistes avaient besoin d'une arme, et cette arme, ils la façonnaient à leur gré. Ne voyant pas, ou plutôt feignant de ne pas voir que dans la loi *Cum miles* l'usucapion et la prescription sont seules en question, et que c'est à leur unique point de vue qu'il y est fait mention de la possession, ils remarquèrent, par une erreur probablement volontaire, qu'en droit romain la possession se continue en la personne de l'héritier. Eux aidant, l'erreur se glissa insensiblement dans les coutumes qu'on rédigeait alors et y fit de rapides progrès. L'antique croyance que le mourant se dessaisit de ses biens entre les mains de son seigneur s'affaiblit de jour en jour, tandis que l'opinion contraire, à savoir que le successeur reçoit la possession du défunt, prit plus de consistance. Mais la nécessité d'un ensaisinement était fortement empreinte dans les esprits. Il fallait indispensablement, dans les idées du temps, que le successeur fût saisi par quelqu'un. Les jurisconsultes établirent que ce serait par le mort, et, grâce au subterfuge, ils échappèrent à l'acquittement des droits. Le mort est un créancier commode, qui réclame rarement sa dette.

C'est ainsi que s'établit cet adage fameux : *Le mort saisit le vif.* Nous en trouvons les premières traces dans les *Olim* du XIIIe siècle, à la date de 1259 (t. 1, p. 459) : « Cum per consuetudinem terræ mortuus debebat *vivum saisire,* » et plus explicitement dans les établissements de Saint-Louis : « Li usages.... si est tel que *li mort sesit le vif...* » Des alleux l'affranchissement passa aux censives, puis aux fiefs : plus d'ensaisinement par le juge ordinaire pour les alleux, plus de vest et de devest par le seigneur pour les censives, plus d'investiture et de foi pour les fiefs. Restreinte d'abord aux successions en ligne directe, la maxime s'étendit bientôt à la ligne collatérale et prit place au sein des nombreuses coutumes qui couvraient la France féodale. Notre coutume de Bourgogne ne fut pas la dernière à recueillir cette *vox de via collecta,* comme l'appelle dédaigneusement Cujas. « La possession est continuée de la personne morte à son propre hoir, combien qu'il ne l'ait prinse corporellement. » C'est ainsi que s'exprime son article 310. Nous pourrions citer beaucoup de textes qui sont sous nos yeux. Qu'il nous suffise de choisir l'article 318 de la coutume de Paris, dont toutes les autres ne sont qu'un écho fidèle :

« *Le mort saisit le vif,* son hoir plus proche et habile
à lui succéder. » — « Ce qui est à entendre, ajoute
le grand Coutumier...., de la manière qui s'ensuyt :
c'est à sçavoir que si notoirement il appert de la
ligne et du lignage, le successeur est tout saisi de
droit et ne lui est nécessaire d'aller ni au seigneur,
ni au juge, ni autre, mais de son autorité se peut
de fait ensaisiner » (Liv. 2, ch. 21). Enfin, pour
couronner l'œuvre, la règle, des pays de coutumes,
son berceau, passa jusqu'aux pays de droit écrit et
s'étendit même aux nations circonvoisines de la
France. Aussi Tiraqueau la nomme-t-il *la coutume
du monde.*

Le succès des légistes avait donc été complet. Les
descendants et même les collatéraux étaient affran-
chis du tribut onéreux qu'ils payaient au seigneur :
ils ne lui devaient plus désormais que *la bouche et
les mains,* c'est-à-dire le baiser et la poignée de
mains symboliques. Première victoire remportée sur
la fiscalité féodale !

Mais le droit de transmettre héréditairement n'em-
portait pas celui de vendre : la prohibition de l'a-
liénation subsistait dans toute sa rudesse primitive.
Or, le fief passant aux mains des héritiers du feuda-

taire, question de savoir s'ils peuvent le partager entre eux. Non, évidemment, si l'on s'en fût tenu aux principes du droit romain. Partager, avons-nous dit, c'est aliéner; donc point de partage possible là où il n'y a point d'aliénation permise. La logique du raisonnement était invincible. Mais à l'époque où la difficulté naquit, on ne raisonnait guère; encore moins consultait-on les réponses des prudents. La barbarie avait étouffé les dernières lueurs de la jurisprudence romaine. La coutume régnait seule en souveraine, et la coutume décida que le fief pouvait se fractionner entre les divers héritiers du vassal. Les hauts barons comprirent bientôt ce que cette faculté avait de désastreux pour leur autorité. La guerre était leur vie, et leurs vassaux devaient le service militaire. Or, pour combattre, autre chose est avoir sous ses ordres un auxiliaire puissant, autre chose une troupe de serviteurs sans influence et sans crédit. Ils s'élevèrent donc contre l'innovation de toute la hauteur d'un intérêt froissé. D'Argentré, en tête de son ouvrage *Des partages des successions entre les nobles de Bretagne*, place une assise célèbre de Geoffroy, troisième fils du roi Henri II d'Angleterre. Cette assise, que ce prince publia en son Parlement de Rennes (1185), sous le règne de Philippe-Auguste, après avoir acquis la Bretagne par son mariage avec Constance, fille du duc Conan, porte : « Que d'icy en avant ne se fera division ne partage de baronies, ny fiefs de chevaliers; ains obtiendra l'aisné la seigneurie du tout. Et pourvoiront les aisnés aux puisnés et juveigneurs, en sorte qu'ils se puissent honestement entretenir et pourvoir à leurs nécessités, selon leur puissance. » Tous les barons jurèrent de l'observer. Plus tard encore, en 1210, une convention semblable fut dressée par les comtes de Bourgogne, de Nevers, de Boulogne, de Saint-Pol et autres. Mais leurs efforts vinrent échouer devant la résistance des vassaux subalternes. Les rois, d'ailleurs, durent faire cause commune avec ces derniers, en quoi nous sommes d'un avis contraire à celui de M. Championnière. Nous n'en voulons pour preuve que leur intérêt personnel. La royauté avait été pendant longtemps mise à l'écart : elle avait presque disparu au sein des ramifications du régime féodal; et, pour nous servir de l'ingénieuse comparaison de Montesquieu, l'arbre étendant trop loin ses branches, la tête s'était desséchée. Lorsqu'à la faveur des événements elle voulut ressaisir le sceptre qui lui avait échappé pendant ses heures de sommeil, elle dut voir d'un œil favorable le partage se multiplier dans les terres de ses orgueilleux feudataires. C'est toujours l'éternelle vérité du fabuliste : les dards du faisceau étant séparés, il lui était plus facile de les briser. Aussi, sous cette double action du pouvoir souverain et des petits vassaux, se développa le principe de la liberté du partage; quand la loi romaine voulut élever la voix, il n'était plus temps : la faculté de partager marchait de front avec la prohibition d'aliéner. La Constitution de Frédéric, rapportée quelques pages plus haut, consacre l'anomalie.

Cependant cette défense même, révolution bien autrement importante, allait s'évanouir à son tour sous l'action lentement progressive de la coutume. Les guerres privées de seigneur à seigneur étaient rendues impossibles, grâce aux progrès croissants du pouvoir absolu; la redevance militaire, base fondamentale du contrat de fief, devenait désormais inutile. Il n'importait donc plus aux barons d'être servis par tel ou tel, par un brave plutôt que par un timide. La cause de la prohibition d'aliéner n'avait plus de raison d'être. Qu'on ajoute à cela l'épuisement des richesses seigneuriales après la longue épopée militaire des croisades, les exigences d'un luxe naissant aux premiers reflets de la civilisation, et l'on comprendra la facilité singulière avec laquelle les seigneurs consentirent, moyennant finances, à des aliénations jusque-là sévèrement interdites. Les vassaux commencèrent d'abord à leur faire quelques présents, au gré de leur générosité, pour aider au consentement ; puis ces présents, se régularisant peu à peu, finirent par être fixés à un taux uniforme qui devint le prix du consentement. C'est ce qu'on appela le droit de *lods et ventes*. Variable, du reste, avec les localités, tantôt il avait pour limite le droit de relief lui-même, c'est-à-dire le revenu d'une année ; tantôt il s'élevait jusqu'au douzième du prix de vente, comme dans le Maine et l'Anjou. Mais le profit le plus ordinaire consistait dans la cinquième partie du prix et prenait pour cette raison le nom de *quint*. Les Coutumes de Paris et d'Orléans l'avaient adopté. Quelques Coutumes enfin, celle de Montargis notamment, allaient plus loin ; au *quint* elles joignaient le *requint*, c'est-à-dire le cinquième du *quint*. Loisel nous a conservé plusieurs de ces chiffres dans la maxime XXIe du titre III de ses Institutes : « En vente de fief, sont dus *quints* pour et au lieu de l'assentement du seigneur ; et, en quelques lieux encore, *re-quints*; et en d'autres seulement *treizième,* selon les conventions ou coutumes des lieux. » Pothier, dans son traité *Des Fiefs,* complète les détails sur cette matière, que Dumoulin comparait poétiquement à une mer immense qu'aucun matelot n'a encore sillonnée : « *Immensum profecto æquor, et a nemine adhuc sulcatum.* » (V° Droit de relief.)

Ainsi s'établit la nécessité, pour le seigneur, de consentir à l'aliénation ; pour le vassal, d'en payer l'émolument. Ce qui n'était d'abord qu'un usage se transforma en loi.

Si la faculté de partage du fief entre les divers héritiers du feudataire avait pu être antérieurement contestée, la question ne pouvait plus s'élever sous l'empire de la législation nouvelle. Mais son intérêt se présentait sous une autre face, et les avocats du seigneur ne manquèrent point de l'envisager ainsi. Sans doute, disaient-ils, le partage est permis, puisque l'aliénation est autorisée ; il doit jouir des mêmes droits, d'accord ! mais à la condition d'être soumis aux mêmes charges. Or, le partage n'est qu'une aliénation, aux termes de la loi romaine, et la charge corrélative au bénéfice d'aliéner est le paiement du droit de lods et ventes ; donc les lods et ventes pèseront sur le partage. L'argument ne manquait pas de force. Le droit romain, qui avait tant de fois combattu dans les rangs des légistes au profit des rois ou des vilains, désertait pour passer à l'ennemi ; le trait se retournait contre la main qui l'avait lancé. Que firent les légistes ? ils reconnurent l'aliénation dans le partage, leur science profonde des Pandectes ne leur permettant pas d'échapper à cette solution, mais une espèce d'aliénation particulière. Oui, répondirent-ils aux seigneurs, il y a aliénation, mais aliénation *forcée*. La conséquence de la proposition était l'exemption des droits fiscaux. « Et si omni divisioni insit alienatio, tamen cum ea *necessaria* sit, nulla addentur laudimia. » Ainsi s'exprime d'Argentré dans son traité *De Laudimiis*, § 53. Cette théorie, émanée de l'école italique et empruntée à la plume de Jason, à propos de l'emphytéose, s'appuyait sur les arguments obligés de l'époque, à savoir des citations malencontreuses du Digeste. Elle reposait aussi sur cette considération, que les cohéritiers ne peuvent être maintenus malgré eux dans l'indivision, principe recueilli et consacré par l'article 815 de notre Code Napoléon. A ce point de vue encore, l'aliénation était forcée. Tous les feudistes de l'époque se contentent de cette explication pour justifier l'affranchissement du partage qu'ils trouvaient consacré : « Quia est alienatio necessaria. » Tel est leur mot de ralliement.

Mais à côté des docteurs s'élevait, à l'ombre du palais, une classe nombreuse de jurisconsultes praticiens. Peu versés dans les subtilités du droit romain, mais pénétrés en revanche de l'esprit des institutions coutumières du pays, ils comprirent que tel n'était pas le sens de la maxime établie par leurs pères. Ils en voyaient la source dans la secrète aversion de ceux-ci pour la fiscalité féodale, et ils crurent de leur devoir de poursuivre cette œuvre de réaction violente. Ils combattaient en effet les prétentions des docteurs par les objections qu'Henrion de Pansey résumera plus tard en ces termes : « Si la nécessité de la vente est une cause suffisante pour affranchir l'acquéreur des droits seigneuriaux, pourquoi n'est-on pas allé jusqu'à dire qu'il en était exempt dans les adjudications par décret? Pourquoi n'a-t-on pas exempté pareillement l'étranger adjudicataire de l'objet licité...? » A ces interpellations un point d'interrogation était la seule réponse : le champ de bataille restait aux praticiens. Remarquant donc que toute aliénation était sujette aux droits, tandis que le partage en était exempt, ils en tirèrent la conclusion que le partage ne contenait pas d'aliénation. Restait à justifier ce principe hardi. Voici à l'aide de quelles considérations juridiques ils y parvinrent. Quand une succession s'ouvre, dirent-ils, chacun des cohéritiers est appelé à l'universalité des biens de cette succession. Si tous renonçaient, moins un, ce dernier prendrait le tout, et ce, non par droit d'accroissement, mais plutôt par non décroissement. Eh bien! le partage intervenant et tous les cohéritiers acceptant, ce qui échoit au lot de chacun d'eux ne lui advient pas à titre d'acquisition, car on n'acquiert pas son propre bien; il y a seulement non décroissement à l'égard des objets tombés au lot de ce successible; c'est comme si ses cohéritiers y avaient renoncé. Cette prétendue renonciation, émanée d'héritiers qui ont déjà accepté, et qui, partant, ne peuvent plus abandonner leurs droits sans consentir une aliénation, n'était à proprement parler qu'une fiction. Néanmoins, sur cette fiction se développa, dans le mystère du palais, l'effet déclaratif du partage. Le moment approchait où le système boiteux des docteurs devait tomber pour ne plus se relever. Les feudistes admettaient l'affranchissement du partage, tout en conservant au contrat son caractère translatif, sous la couleur d'une aliénation nécessaire. Les praticiens allèrent plus loin et rejetèrent en son entier la théorie romaine. Jusque-là les deux écoles rivales arrivaient au même résultat, l'abolition des droits ; d'accord sur l'effet, elles se divisaient seulement sur la cause. Mais la nouvelle doctrine faisait des progrès rapides sur l'ancienne ; restreinte d'abord aux rapports des seigneurs avec leurs vassaux, elle ne tarda pas à se glisser des matières féodales dans les questions de droit civil. Les retraits lignagers et les rescisions pour cause de lésion furent les premiers prétextes de son introduction dans ce domaine encore inexploré.

L'opinion des hommes du palais, si fraîchement investie du droit de bourgeoisie, ne se traduisait encore qu'avec timidité, lorsque se présenta, au milieu du XVIe siècle, une hypothèse dont la solution devait singulièrement influer sur ses destinées. Dumoulin joue le principal rôle dans cette vive controverse. Il nous en donne lui-même tous les détails (*Des Fiefs*, § 1, Glos. 9, n° 43). C'était au mois de no-

vembre de l'année 1538 que fut livrée à la consultation d'avocats expérimentés, parmi lesquels se faisait remarquer l'illustre jurisconsulte, l'espèce suivante, dont je traduis fidèlement les termes :
« Quatre héritiers possédaient un fief par indivis :
« la moitié en revenait à l'aîné, et à chacun des au-
« tres le tiers de l'autre moitié, c'est-à-dire le sixième
« de la totalité, déduction faite du manoir principal.
« Quoique tout le fief fût ouvert à ses poursuites,
« le seigneur ne saisit que la valeur d'une portion
« indivise, à savoir le sixième qui revenait au second
« des enfants, qu'il n'aimait guère. Cela fait, les frè-
« res procédèrent au partage de l'hérédité, et le
« fief tout entier tomba au lot de l'aîné ; quant au
« second, on lui adjugea un autre fief relevant d'un
« autre maître. Question de savoir si la saisie sei-
« gneuriale pratiquée sur ledit sixième se trouvait
« résolue par l'effet du partage. » Suivant les principes du droit romain, nul doute ; la saisie du sixième aurait tenu, en dépit du partage. La question fut cependant décidée par l'affirmative et la résolution déclarée. Les avocats en donnèrent pour motif que l'action en partage intentée postérieurement à la saisie la laissait *in suspenso*, et que tout dépendait

de l'issue de ce partage. Ils ajoutaient que si, dans l'espèce, le cohéritier saisi avait, au lieu de ce sixième indivis, reçu une portion déterminée et divise de ce même fief, la saisie aurait subsisté sur cette portion, et cela, non pas *ex nunc*, mais *ex tunc*, non du jour du partage, mais de celui de la saisie. Une fois engagés en si bonne voie, ils poussèrent jusqu'à l'hypothèque et la firent plier sous la même doctrine. Ils s'appuyaient sur un arrêt qui avait décidé que l'hypothèque concédée par un héritier sur sa moitié indivise dans une succession ne pesait que sur la part divise échue, par l'événement du partage, au lot du débiteur, et que l'autre cohéritier non débiteur ne pouvait être inquiété sur sa propre portion.

Dumoulin, c'est lui qui nous l'apprend, était atteint d'une de ces fièvres qu'amène l'automne (*quartana et autumnali febre laborans*), donnant ses soins à l'impression de la première partie de son titre *Des Fiefs* et corrigeant ses épreuves avant de les livrer au typographe. Néanmoins, en dépit de la maladie et du travail, il releva le gant contre cette doctrine qu'il ne pouvait concevoir et dont il découvrait par avance l'immense portée. Pour lui, la question ne fait aucun doute, et il s'étonne de voir de bons esprits incliner vers ces excès. Il soutient, avec tout l'appareil des arguments romains, que, dans l'espèce, la saisie seigneuriale (*prehensio feudalis*) n'est en aucune sorte résolue. Que le fief soit adjugé en entier à l'aîné, qu'il soit adjugé au puîné, sur qui la saisie a été pratiquée, ou qu'il soit partagé par portions égales, il n'y a relativement à la saisie du seigneur ni résolution, ni augmentation, ni diminution. Elle subsiste toujours sur le sixième indivis, parce qu'elle est réelle et non point personnelle, parce qu'elle n'a pas trait à la personne, mais qu'elle porte sur la chose elle-même. Pour ce qui est de l'hypothèque, plus grand encore était son étonnement. Il s'appuie sur l'imposante multitude des lois romaines dont nous avons cité les principales, et rappelle la tentative infructueuse du jurisconsulte Trébatius. Quant à l'arrêt précité, il n'en est rien : « *quod autem jactabant de aresto nihil est;* » plusieurs fois, au contraire, le Parlement a rendu des décisions opposées. Dumoulin fit donc une bonne et vigoureuse résistance à l'introduction de la règle nouvelle. Sa religion pour le droit romain soutenait son courage; ajoutons que son intérêt se mettait peutêtre aussi de la partie. Tant qu'il ne s'était agi que d'abolir les droits seigneuriaux, il s'était montré d'assez facile composition pour plier la loi romaine à ses vues. Dans toute cette longue lutte, si profondément marquée au coin de l'animosité contre *un droit haineux*, comme l'appelle Boutellier, il avait combattu au premier rang et fait cause commune avec les hommes du palais. Le résultat de ces efforts combinés avait été l'abolition partielle des droits de lods et ventes, l'affranchissement du partage, seconde victoire remportée sur la féodalité fiscale depuis la suppression des droits de relief. Mais, ce succès réalisé, il voulait s'y tenir et maintenir les hypothèques sous le palladium de la loi romaine. Que les seigneurs fussent privés de leurs droits, bien! Mais qu'un bourgeois, qu'un industriel perdît les siens, non! c'est que Dumoulin était un bourgeois, c'est qu'il avait des hypothèques et qu'il tenait à les conserver. Tant il est vrai qu'il y a peu de personnes qui soient affranchies de la considération de leur intérêt personnel!

Quoi qu'il en soit, cette résistance opiniâtre ne fit que prolonger la lutte. Le système déclaratif nettement posé fit des progrès rapides sous l'action favorable d'une jurisprudence constante du Parlement de Paris. Quatre arrêts le consacrèrent depuis 1569,

date du premier, jusqu'à 1595, année du dernier.
Dumoulin lui-même revint sur son opinion vers la
fin de sa vie, et dès lors il fut reçu que le partage
produit un effet rétroactif au jour de l'ouverture de la
succession, que l'héritier n'acquiert rien de ses copartageants, de même qu'il ne leur transmet rien,
attendu que le partage ne fait que déterminer, *dé-
clarer* les parts dont chaque héritier a toujours été
propriétaire à partir du décès de son auteur. D'où
l'on a dit que le partage était *déclaratif de propriété*.
Les jurisconsultes qui vinrent ensuite recueillirent
le principe et l'enregistrèrent dans leurs ouvrages
sans contester sa légitimité. Lebrun (*Success.*, liv. 3,
ch. 6, sect. IV, n° 3) fait valoir les avantages de ce
système sur le système attributif. Pothier l'inscrit
comme une vérité certaine et à l'abri de toute controverse dans plus de vingt endroits de ses œuvres.
Citons seulement les passages les plus saillants : « Selon les principes de notre droit français, très-opposés
à ceux du droit romain, les partages n'ont aucun
rapport avec le contrat d'échange. Ce ne sont pas
des actes par lesquels les copartageants acquièrent
ni soient censés acquérir rien les uns des autres. »
(*Vente*, n° 631, 3ᵉ alin.) Le principe est posé plus ex-

plicitement encore au chap. 4, art. 5, § 1, 1ᵉʳ alin.
Des Successions. « Le principal effet du partage, dit le
jurisconsulte d'Orléans, est de déterminer la portion
de chacun des cohéritiers et de la restreindre aux
seuls effets qui lui sont assignés pour son lot, de manière que chaque cohéritier soit censé avoir seul succédé immédiatement au défunt, à tous les effets compris en son lot, n'avoir succédé à aucun de ceux
compris dans les lots de ses cohéritiers. » On ne peut
consacrer cette doctrine d'une façon plus absolue.

C'est en cet état que les rédacteurs du Code trouvèrent la législation lorsqu'ils en furent venus à ce
point de leur œuvre. Presque tous les auteurs, bien
que reconnaissant qu'ils ont sagement agi en conservant ce qu'ils trouvaient établi, leur font une sorte
de reproche d'avoir plutôt en cela suivi l'impulsion
de la coutume que la force du raisonnement. « C'est
à la majorité des arrêts et des voix, dit M. Championnière, et non à l'examen judicieux du faux et
du vrai, que le système admis doit le baptème qui l'a
fait loi. » Nous ne croyons pas, pour notre part, le
reproche mérité. Nous avons vu l'origine toute féodale du principe ; les feudistes du moyen-âge ne se
sont pas plus inquiétés, en le proclamant, de l'intérêt

des cohéritiers que de celui des tiers : l'esprit seul
de réaction contre une puissance oppressive les pous-
sait en avant. S'apercevant que ce que le seigneur
laissait échapper d'une main par la suppression des
droits de relief, il le reprenait de l'autre au partage,
ils appelèrent à leur aide le caractère déclaratif et
complétèrent, par une nature de création nouvelle
donnée à ce contrat, leur libérale maxime : *Le mort
saisit le vif*. Ce fut le motif de l'intronisation de
la règle. Sans doute il n'avait plus de valeur pour
les jurisconsultes de l'an XII, la féodalité ainsi que
les derniers vestiges de ses institutions ayant disparu
depuis longtemps dans la tourmente révolutionnaire.
A ce titre, on pourrait soutenir que la nature déclarative imprimée au partage n'avait plus de raison
d'être, et que si les rédacteurs l'avaient conservée,
c'était plutôt par un souvenir inexpliqué du passé
que par une sage prévoyance pour l'avenir. Mais une
autre cause se produisait, qui, certes! eût donné naissance à la règle si la règle n'eût pas existé. En effet,
on sortait à peine des terreurs de la révolution; à
peine se réveillait-on de ce long rêve de sang de 93.
On entendait encore l'écho des voix qui appelaient
vol la propriété, qui traitaient la famille d'accident;

il s'agissait de raffermir sur leurs bases la famille et
la propriété. Or, à cet instant, deux systèmes se présentent : l'un, passé depuis longtemps à l'état de lettre morte, qui sacrifie à la rigueur de sa logique l'intérêt des familles et la tranquillité des copartageants :
c'est le système romain ; l'autre, plein de vie et de
jeunesse, qui, en faisant rétroactivement tomber
toutes les charges réelles consenties durant l'indivision, prévient les recours entre parents et ferme la
porte aux procès, en assurant l'union de la famille
et la sécurité des partages : c'est le système coutumier. Il n'y avait pas à hésiter. Les rédacteurs donnèrent la préférence au dernier, non parce qu'ils le
trouvaient tout établi, mais parce qu'il leur sembla
le meilleur. C'est sous l'inspiration de cette idée que
Chabot, de l'Allier, fit son rapport au tribunat dans
la séance du 26 germinal de l'an XI. Il consacra le
triomphe du caractère déclaratif sur le caractère attributif. « Ce n'est pas, dit-il, une affaire de négoce
ni de commerce ; il n'y a de part ni d'autre ni vente,
ni échange » (Locré). Et le corps législatif, adoptant
l'idée, la confirma par le vote de l'article 883, dont
les termes sont presque textuellement empruntés à
notre seconde citation de Pothier. Telle est la filière

progressive que dut suivre le principe avant de passer à l'état d'axiome dans le fameux article que nous
transcrivons comme couronnement de cet exposé historique : « Chaque cohéritier est censé avoir succédé
seul et immédiatement à tous les effets compris dans
son lot ou à lui échus sur licitation, et n'avoir jamais eu la propriété des autres effets de la succession. »

CHAPITRE II.

—

« Chaque cohéritier est censé...... » De ces premiers mots de l'article nous semble ressortir son esprit
tout entier. On a fait au législateur un crime de son
expression. Que le prêteur, dit-on, ruse avec les
Douze Tables ; que, ne pouvant ni la briser ni la
fléchir, il tourne cette loi plus dure que le bronze
qui la conserve ; que les légistes du moyen-âge à
leur tour luttent d'adresse avec le vieux droit féodal !
la nécessité leur en faisait un devoir. Mais à quoi
bon ces détours en plein Code Napoléon ? Que sert
de feindre là où l'on peut commander ? Cette fois
encore nous absoudrons les rédacteurs d'une telle
inculpation. Ce n'est pas seulement un legs des ha-
bitudes de langage d'un temps qui n'est plus, c'est
la pensée vivante du législateur qui se réfléchit dans

ces premiers mots comme dans un miroir fidèle. Il se trouvait, en effet, placé dans cette alternative, ou de ressusciter de son souffle la réalité des principes du droit romain , ou de consacrer la fiction absolue de l'ancienne jurisprudence. Mais adopter la doctrine de Labéon , c'était faire jaillir du partage une source éternelle de procès ; étendre dans toute son ampleur la théorie de Pothier, c'était faire passer le droit et la réalité sous le joug de l'idéal et de la fiction. Entre ces deux écueils , il sut tenir sa route sans échouer. Hypothèque suivant comme son ombre l'immeuble grevé dans les mains du communiste loti ou adjudicataire, poursuite de celui - ci par les créanciers, droit de recours contre tous les communistes réunis, et recours souvent illusoire de ces derniers contre le débiteur devenu insolvable , involutions de procédure , lenteurs, frais , désordre jeté dans les familles, tels étaient les bénéfices sommaires du système romain. Le système fut rejeté. D'autre part, considérer le partage comme un simple règlement de succession et l'héritier comme le seul propriétaire des biens compris dans son lot, c'était froisser d'un seul coup la vérité et la raison : la vérité, qui voit dans le partage un échange ; la raison, qui s'op-

pose à ce qu'une fiction, vînt-elle de la loi même,
puisse annuler un droit légitime. Les rédacteurs du
Code ne sont point tombés davantage, selon nous,
dans ce second excès; seulement ils s'en sont plus
rapprochés. Ils ont voulu protéger l'héritier prudent
et économe contre les entreprises hasardeuses d'un
spéculateur avide ou les folles dépenses d'un insensé
dissipateur qui, selon l'énergique expression de Lebrun, *infecteraient tout le bien d'une succession*. Ils
ont voulu dégrever l'immeuble échu au lot de l'un
des communistes des charges imposées par l'autre à
la faveur de l'indivision. Ils ont pris l'arme du droit
féodal pour accomplir leur œuvre. Le but atteint, ils
ne l'ont pas dépassé. Le système déclaratif aura donc
son plein effet dans les rapports des cohéritiers entre
eux ou avec leurs ayants cause; mais, vis-à-vis de
ceux qui n'y jouent aucun rôle à ce double titre, le
partage ne cessera pas d'être réellement une aliénation. Sans doute le législateur pouvait commander :
il a mieux aimé laisser lire sa pensée au travers du
voile de la fiction. C'est comme s'il disait : « Je re-
connais que la nature vraie du partage est l'échange,
qu'il renferme une translation réciproque de droits
indivis; mais je veux protéger la famille en garan-

tissant la sécurité de ce contrat. En conséquence, je lui prête un effet rétroactif au jour où l'indivision a pris naissance ; je fais tomber tous les droits réels qui l'entraveraient, après quoi je le rends à sa nature première et lui permets de reprendre son caractère translatif. » Cette observation est si vraie, qu'après avoir fait violence un instant à la nature des choses dans l'article 883, il rentre bien vite dans la voie de la vérité par les dispositions suivantes. Pourquoi, en effet, soumet-il les cohéritiers à l'obligation de garantie? Est-ce parce qu'il a déjà oublié la disposition de l'article 883 qu'il se met ainsi en contradiction avec lui-même à un article de distance? Ce serait par trop peu présumer de sa mémoire! Non ; mais comme il n'a plus besoin de feindre, il reconnaît ce qui est réellement, c'est-à-dire que le partage proprement dit suppose un échange et la licitation une vente, et il lui attribue la garantie, effet de ces contrats. Comment expliquer autrement cette obligation à laquelle il soumet les copartageants ? Pourquoi y aurait-il lieu à garantie des troubles et évictions provenant d'une cause antérieure au partage, s'il n'y a pas eu échange, translation de droits réciproques, si chacun des copartageants a toujours été propriétaire exclusif des objets compris dans son lot et n'a jamais eu aucun droit sur les autres ? Cela ne se comprendrait pas. En vain Pothier (*Vente,* 633), se renfermant d'une manière absolue dans le principe de l'effet déclaratif par suite duquel les co-partageants ne tiennent rien les uns des autres, fonde-t-il l'obligation de garantie sur l'égalité qui doit régner dans les partages : « or cette égalité, porte le n° 633 *De la Vente,* serait blessée par l'éviction que souffre l'un des copartageants dans quelques-unes des choses tombées dans son lot ; » ce n'est pas résoudre la question. S'il n'y a pas eu un échange réciproque de parts à l'effet de sortir d'indivision, nous demanderons pourquoi l'égalité doit régner dans les partages ; car les copartageants ne sont alors dans l'hypothèse que des étrangers qui, tenant tout du défunt et rien les uns des autres, n'ont que faire de ce principe d'égalité. Reconnaissons plutôt que cette obligation dans laquelle se trouve une personne de faire jouir une autre d'un droit ou de l'indemni-ser, obligation qu'on nomme garantie, ne saurait s'expliquer sans l'idée sous-entendue d'une aliéna-tion à laquelle elle se rattache. L'article 724 vient encore étayer notre opinion. Du jour de la mort du testateur, tous les cohéritiers ont été saisis de plein droit, et, par la saisine, investis de la toute propriété des biens de la succession. Cela étant, ils ont dû céder et transmettre tout ce qui dépasse le lot définitif qui leur est attribué. Nier ces cessions et transmissions réciproques, c'est invoquer une vérité artificielle, un principe d'accident. Le législateur y a consenti dans l'intérêt des copartageants. Il se trouvait au titre *Des Successions;* son attention se porta naturellement sur les moyens de conserver la paix des familles, de garantir les droits de chacun de ses membres. Occupé de ces soins, il s'inquiéta peu des tiers et sacrifia tout à l'intérêt des communistes. Mais cet intérêt doit être la limite extrême devant laquelle s'arrête et se brise la fiction. L'article 883 est une arme de circonstance; hors de la circonstance, nul ne peut la prendre pour renverser des droits légitimement acquis. La jurisprudence de la Cour de cassation est entièrement dans ce sens. De nombreux arrêts que nous avons eu occasion de relever dans le répertoire de Dalloz confirment cette restriction salutaire du principe. « Considérant, porte un arrêt du 6 novembre 1832, page 287, que l'acceptation de l'article 883 doit être restreinte dans les

plus strictes limites. » Un arrêt du 27 mai 1835,
plus clair encore et mieux développé, s'exprime
ainsi dans quelques-uns de ses passages : « Attendu
que toute dérogation au droit général, toute fiction
doit être strictement restreinte au cas spécial pour
lequel elle a été littéralement consacrée; qu'il ne
peut jamais être permis d'étendre une fiction, une
dérogation, par analogie d'un cas à un autre; attendu qu'en réputant chaque cohéritier propriétaire,
depuis le jour de l'ouverture de la succession, des effets compris dans son lot ou à lui échus sur la licitation, et n'avoir jamais eu la propriété des autres
effets de la succession, l'article 883 du Code Napoléon admet une fiction dont l'unique objet est de
favoriser les partages; cette fiction doit être restreinte
au cas pour lequel elle a été consacrée....; attendu
que le sens exclusif et restreint de la fiction admise
par l'article 883 est confirmé par les articles 884 et
885......, etc. » « Attendu, dit également un arrêt
du 13 août 1838, page 355, que l'article 883......
forme une exception au droit commun suivant lequel
l'hypothèque subsiste sur tous les immeubles grevés
et les suit dans quelques mains qu'ils puissent passer, et qu'une exception de cette nature doit néces-

sairement être restreinte aux seuls cas expressément déterminés par la loi....... » Des arrêts du 16 mai 1832, 3 décembre 1839, etc., contiennent des motifs analogues. Nous nous abstiendrons de les citer pour ne point tomber dans des redites inutiles. Qu'il nous suffise de constater que la jurisprudence est entrée depuis longtemps dans cette voie et qu'elle y fait chaque jour de rapides progrès.

Donc, et pour nous résumer, sans rentrer dans le sentier semé de périls du droit romain, nous n'adoptons pas non plus sans restriction l'absolutisme de doctrine des auteurs du XVIIIᵉ siècle. Ce qui ne signifie point que la disposition de l'article 883 soit un principe flottant au gré des théories, sans autres limites que celles qui lui seront assignées par le caprice ou l'esprit de système. L'intérêt des communistes, nous le répétons, parce que le point nous semble fondamental, est la véritable pierre de touche, le critérium qu'ont choisi les rédacteurs du Code. Cet intérêt est-il en jeu? recourez à la Maxime. Est-il sauvegardé? ne l'invoquez plus, car elle n'a plus de raison d'être : la pensée du législateur est réalisée; aller au-delà serait manquer le but en le dépassant. Par l'intronisation de ce système mixte, nous évitons également les deux extrêmes, dangereux en toutes choses, et nous devenons les interprètes fidèles de la pensée du Code. Tel est, à notre sens, l'esprit de la Maxime. Un double motif nous a fait insister dans sa recherche. Le premier, c'est qu'à ce sujet la discorde est dans le camp des auteurs, qui ne demandent souvent qu'à l'arbitraire le plus complet la solution d'une question qui ressort clairement de la pensée du législateur. Le second, c'est que la sphère d'action du principe une fois déterminée par ses vrais caractères, il nous sera facile, dans le chapitre suivant, de reconnaître les espèces variées qui gravitent alentour.

CHAPITRE III.

—

Des cas d'application de la Maxime.

A ne considérer que la position de l'article 883 sous le titre *Des Successions*, on serait tenté de croire que la maxime qu'il renferme doit se restreindre dans ces limites et ne produire ses effets qu'entre cohéritiers. Il n'en est rien. Sa puissance s'étend plus loin et trouve des échos dans une foule de dispositions de notre Code. Son domaine a été successivement étendu par l'invasion du droit romain sur les terres du vieux droit féodal. Par une singulière destinée, ces deux droits opposés et rivaux ont fini par se rencontrer en un point, et le premier, déteignant en quelque sorte sur le second, y a laissé des traces persistantes dont nous retrouvons aujourd'hui l'empreinte jusque dans notre Code. Le point d'intersection fut la matière des contrats. Le fief, en effet, n'était autre chose qu'un contrat émané du bon plaisir du seigneur et de la soumission volontaire du vassal. S'agissait-il de l'interpréter ? on recourait naturellement à l'acte constitutif : sa teneur faisait la loi des parties. Mais peu à peu, l'étude du droit romain se répandant, s'introduisit l'usage, au cas de silence de l'acte consulté, de recourir aux lois du Digeste pour aider à l'interprétation cherchée. C'est par cette brèche que la législation des empereurs de Constantinople pénétra dans la France coutumière. Elle y subit des fortunes diverses. Nous avons constaté, dans notre chapitre premier, son échec lorsqu'elle tenta d'expliquer par la nécessité l'affranchissement des partages : elle fut plus heureuse sous un autre rapport. Grâce à son influence, le XVI⁰ siècle vit s'établir une entière assimilation entre les partages de succession et les partages de société, entre les partages purs et simples et les licitations. Cette assimilation existait dans la loi romaine ; elle passa dans notre législation coutumière, mais en revêtant le caractère nouveau que l'esprit anti-féodal attribuait au partage. Le Code a consacré cette extension, si bien qu'aujourd'hui la maxime de l'article 883 s'applique indistinctement au cas de communauté entre époux ou de société ordinaire..... comme à celui de cohérédité , au cas de licitation ou de partage avec soulte comme à celui de partage *qualifié ;* on ne recherche plus quelle est la source de l'indivision.

Nous allons donc, pour répondre à la question complexe posée en tête de ce chapitre, examiner successivement le jeu de la Maxime dans le partage qui termine chacune de ces indivisions , et délimiter son empire, les textes à la main et la pensée du législateur à la mémoire. Des sections distinctes répondront à chaque communauté différente. Après avoir traité du partage *proprement dit ,* nous consacrerons les pages finales de la première à l'examen des actes équipollents à partage , notamment de la licitation.

SECTION PREMIÈRE.

Entre cohéritiers.

Nous avons dit que le partage , sous l'empire de nos lois , est déclaratif de propriété. Une espèce va nous faire comprendre le sens du mot. Reprenons l'exemple que nous avons déjà donné en établissant le caractère vrai du partage en général. Une succession s'ouvre : deux héritiers se rencontrent, Titius et Mævius, et deux domaines, le fonds Cornélien et le fonds Tusculan. Par l'effet du partage, Titius reçoit le fonds Cornélien et Mævius le fonds Tusculan. D'après la fiction de l'article 883, Titius a toujours été propriétaire du fonds Cornélien et n'a jamais eu aucun droit sur le fonds Tusculan. Réciproquement, le fonds Tusculan a appartenu, du jour de la mort du *de cujus*, à Mævius, qui n'a jamais rien eu à prétendre sur le fonds Cornélien. C'est le renversement de la doctrine romaine et la consécration du système de Trébatius.

La première conséquence de cette interversion de principes, conséquence que nous avons signalée comme véritable but de la loi aux yeux des rédacteurs, consiste dans la purge des hypothèques qui grevaient l'immeuble commun. Si donc nous supposons que Titius, durant l'indivision, a constitué une hypothèque sur le fonds Tusculan au profit de ses créanciers personnels, le fonds Tusculan tombant au lot de Mævius, l'hypothèque qui le grevait s'évanouit et laisse l'immeuble franc et quitte de toutes charges aux mains du cohéritier. En effet, pour qu'une hypothèque soit concédée valablement sur un immeuble, il faut, entre autres conditions, qu'elle ait été constituée par le propriétaire de cet immeuble. Or Titius, dans l'espèce, étant censé n'avoir jamais eu la propriété du fonds Tusculan, n'a pu le frapper d'une hypothèque. C'est l'application d'une règle de droit ainsi que de bon sens que consacre la loi 54 au Digeste, *De Regulis juris :* « Nemo plus juris ad alium transferre potest quam ipse habet. » C'est-à-dire que celui qui a sur une chose un droit résoluble ne peut transmettre aux tiers qu'un droit affecté de la même condition résolutoire; vient-elle à s'accomplir, le droit s'évanouit pour le cessionnaire comme il s'évanouirait pour le cédant. Que si, au contraire, le fonds Tusculan, au lieu d'échoir à Mævius, était tombé au lot de Titius, celui-ci ayant toujours été propriétaire de cet immeuble à compter de l'ouverture de la succession, l'hypothèque par lui constituée serait maintenue. On ne peut donc pas décider *a priori* si ou non sera consolidée une hypothèque établie sur un immeuble pendant l'indivision. L'immeuble arrive-t-il aux mains de celui qui l'a grevé, l'hypothèque subsiste : elle s'évanouit, au contraire, dans l'hypothèse inverse, comme concédée *a non domino.* L'événement seul du partage décidera de son sort.

La même solution doit être appliquée à tous autres droits réels que l'un des cohéritiers aurait établis, dans la période d'indivision, sur les immeubles composant la succession.

Mais, lorsque l'hypothèque s'évanouit par suite de l'attribution de l'immeuble grevé au lot de l'un des cohéritiers autre que le constituant, ne revit-elle pas au moins, de plein droit, sur les biens que le partage fait arriver aux mains de l'héritier débiteur? Ecartons d'abord une hypothèse où le doute n'est point permis : c'est le cas où le lot du débiteur ne se composera que de mobilier. Les meubles n'ayant pas de suite par hypothèque, aux termes de l'article 2119, le cohéritier se trouvera complétement à l'abri des poursuites de ses créanciers. Cette hypothèse éliminée, notre question doit se résoudre par une distinction entre les hypothèques générales d'une part et les hypothèques spéciales de l'autre. Que s'il s'agit d'hypothèques légales ou judiciaires, les articles 2122 et 2123 les faisant porter sur *tous* les biens présents et à venir du débiteur, elles frapperont nécessairement sur les immeubles à lui échus par le partage. Même décision au sujet de l'hypothèque conventionnelle, si elle a été nominativement constituée par le cohéritier sur chacun des immeubles en particulier dont se compose la succession. Mais, et ce sera le cas le plus fréquent, si le débiteur n'a déclaré spécialement qu'un immeuble, et que cet immeuble, par l'effet du partage, ne tombe pas dans son lot, l'article 2129 s'oppose à ce que l'hypothèque soit transportée à d'autres biens. Cet article consacre en effet la spécialité en cette matière, et ce caractère ne permet pas que la charge constituée sur un immeuble soit étendue de plein droit à un autre ; seulement le créancier aurait la faculté de poursuivre son remboursement ou d'obtenir un supplément d'hypothèque ; telle est l'unique ressource que la loi met à sa disposition (art. 2131).

Supposons maintenant l'immeuble grevé tombant au lot du constituant. L'hypothèque portera-t-elle seulement sur la part indivise qu'avait le débiteur avant le partage, ou bien s'étendra-t-elle sur l'immeuble tout entier ? Ce n'est là, disons-le de suite, qu'une question de pure intention sur la solution de laquelle les termes de l'acte constitutif auront la plus grande influence. Telle est la décision de la Cour de cassation. La Cour de Paris, par un arrêt du 26 janvier 1824, avait jugé que l'hypothèque consentie par un copropriétaire sur *la moitié* qui lui appartenait dans un immeuble indivis grevait la totalité, le copropriétaire s'étant rendu adjudicataire du tout, sur licitation. La Cour suprême a cassé (6 décembre 1826, *Journ. Pal.*, tom. 20, p. 1000), et avec raison, selon nous. C'est encore une conséquence de la spécialité dont nous parlions plus haut. L'hypothèque ne peut peser que sur ce qui lui a été nominativement soumis ; or, le copropriétaire, dans l'espèce, n'avait entendu y soumettre que *la moitié* qui lui appartenait alors. Même décision si le cohéritier, au lieu d'hypothéquer *sa moitié*, eût grevé sa part indivise dans l'immeuble : sa pensée ressort de l'expression employée : jamais la part n'a été prise pour le tout. Cet arrêt a depuis constamment fait jurisprudence. Mais si le cohéritier avait hypothéqué sans restriction l'immeuble auquel il a un droit éventuel ou même *ses droits* dans cet immeuble, sans les délimiter, l'événement se réalisant et l'immeuble tombant pour le tout dans son lot, l'hypothèque le couvrirait dans sa totalité. En un mot, c'est la volonté présumée des parties qui doit servir de guide à l'interprétation. Au cas d'ambiguïté dans les termes de l'acte et de doute sur l'intention, on est généralement d'avis que l'hypothèque doit peser sur l'immeuble en son entier. Les parties, en effet. auront probablement entendu se référer à l'événement définitif du partage et créer une hypothèque qui en suivra l'éventualité, partant, qui pourra valoir ou être nulle pour le tout.

Nous avons vu que le sort de l'hypothèque consentie par un cohéritier durant l'indivision dépendait de l'issue du partage. N'hésitons pas à admettre la même solution pour l'aliénation totale. Titius, copropriétaire du fonds Cornélien avec Mævius, le vend pendant l'indivision ; la destinée de la vente est *in suspenso* jusqu'au partage. Le fonds accroît-il à la part de Titius : la vente sera rétroactivement validée, comme ayant été consentie *ab initio* par le propriétaire. Vient-il à échoir au lot de Mævius : la vente est nulle pour avoir été faite *a non domino* ; c'est la chose d'autrui que Titius a vendue, le contrat est frappé de nullité (art. 1599).

Partant de ce principe que la résolution n'a lieu que pour les concessions de droits réels, des auteurs soutiennent que les aliénations totales consenties par l'un des cohéritiers sont valables dès l'origine. En effet, disent-ils, ce cohéritier a cessé d'être dans l'indivision avec les autres relativement à l'objet vendu, et le partage provoqué par ces derniers ne peut être valablement effectué qu'avec le concours du cessionnaire. La pétition de principe est manifeste : ce raisonnement repose sur une confusion et marque au coin de l'évidence ce qui précisément est en question, à savoir la validité de l'aliénation. Cette aliénation, en effet, n'émane point d'un propriétaire exclusif, ce qui justifierait la prétention de nos adversaires. La cession, portant sur un objet indéterminé, n'a pu transférer aux acquéreurs aucun droit réel : jusqu'au partage, soit à l'égard des tiers, soit vis-à-vis des autres cohéritiers, il n'y a eu qu'un véritable propriétaire, le cédant. Admettre la doctrine de ces auteurs, ce serait rayer l'article 883 du Code, ce serait consacrer à toujours, et quel que fût le résultat du partage, la validité des hypothèques ou autres charges réelles établies à la faveur de l'indivision, aussi bien que celle des aliénations proprement dites. Voyez, du reste, l'inconséquence du système. Il pose en principe que la résolution n'a lieu que pour les concessions de droits réels; mais, à ce titre, ne doit-elle pas affecter d'abord l'aliénation de la toute propriété? Qu'est-ce que la propriété, sinon le plus étendu, le premier des droits réels? Comment? le législateur, dans sa bienveillante sollicitude pour la famille, fait tomber les hypothèques qui pèsent sur les biens partagés, lorsqu'ils ne viennent pas au lot du débiteur, et il maintiendrait l'aliénation de ces mêmes biens! Une semblable contradiction ne se comprendrait pas. Le but est d'éviter les recours. Or, ces recours seront-ils moins à craindre de la part d'un cohéritier évincé en totalité de son lot, par suite de l'aliénation, que de la part du cohéritier dont le créancier réclamera seulement une servitude, un droit de passage, par exemple? L'*a fortiori* me semble clairement ressortir de cette antithèse. Une autre considération, que j'emprunte au cours si plein d'intérêt de M. Neuville, achève de le mettre en lumière. Les aliénations complètes ne sont pas entourées d'une publicité aussi grande que les constitutions d'hypothèques. Si, malgré cette publicité protectrice, le législateur a cru devoir garantir les cohéritiers par l'article 883, quand il s'agit d'hypothèques, combien plus encore a-t-il dû avoir cette pensée pour le cas d'aliénation!

D'ailleurs, cette manière de voir trouve un puissant appui dans la disposition de l'article 2205, qui défend aux créanciers hypothécaires de poursuivre l'expropriation de la part indivise de leur débiteur dans les immeubles d'une succession. La loi veut que le partage précède la saisie, parce que cette saisie serait nulle si l'immeuble sur lequel elle porte ne tombait pas au lot du débiteur. Cet article nous paraît une suite de l'article 883 et confirme l'application que nous en faisons.

Ainsi donc, si nous déduisons de l'article 883 la résolution des hypothèques et autres droits réels, décidons de plus fort avec lui la résolution de l'aliénation totale. Nous ne pouvons faire des distinctions là où la loi ne distingue pas; nous ne pouvons abroger son texte quand les motifs législatifs qui ont guidé la main des rédacteurs se font sentir davantage. Du reste, cette opinion s'abrite sous l'égide de la jurisprudence. Un arrêt de Cassation, du 13 février 1838, décide en ce sens : « Attendu... qu'on ne peut reconnaître aucun propriétaire entre le défunt et celui de ses héritiers à qui le partage attribue tel effet de sa succession ; — qu'il suit de là que les hypothèques conférées par tout autre cohéritier, ainsi *que toute cession ou vente de sa part,* dans cet effet, s'évanouissent devant la propriété du cohéritier saisi par le partage ou la licitation, lesquels ne sont point attributifs, mais déclaratifs de propriété. » Cet arrêt ajoute ensuite que le cessionnaire ne peut avoir plus de droit que son cédant, qu'il est obligé comme lui de respecter l'aliénation rétroactive de la propriété; et il termine en concluant, pour l'espèce en litige, que ce serait inutilement que le tiers acquéreur aurait cru devoir purger les hypothèques, cette formalité devenant sans objet de la part de celui qui ne peut prendre le titre d'acquéreur. Admettons donc avec lui que l'article 883 s'applique à l'aliénation comme aux hypothèques et autres droits réels.

Quant aux arguments que nos adversaires puisent dans les lois romaines pour combattre la théorie que nous essayons d'établir (l. 54, Dig., *Famil. ercisc.*; — l. 25, § 8, Dig., *Famil. ercisc.*; — l. 3, C., *Com. div.*), nous ne nous arrêterons même pas à les discuter. Ils n'ont que faire ici, puisque le principe d'où ils sortent est renversé. L'hypothèque subsistait à Rome, quel que fût le résultat du partage : les jurisconsultes n'avaient qu'un pas à faire pour conclure à la validité de l'aliénation. L'esprit du système leur dictait cette solution. En droit français, au contraire, l'hypothèque tombe par suite de l'attribution de l'immeuble grevé au lot d'un cohéritier autre que le constituant ; *a fortiori* l'aliénation doit-elle s'évanouir. L'interversion des principes ôte tout prétexte à l'assimilation.

Ici se présente une des questions les plus importantes en même temps que les plus controversées du sujet. La maxime que le partage est déclaratif de propriété est-elle ou non appelée à régir les choses incorporelles, notamment les créances? Deux systèmes sont en présence. L'un regarde l'article 1220 du Code Napoléon comme dérogeant à la règle de l'article 883, qui ne s'appliquera jamais aux créances ; l'autre étend cette règle même aux choses incorporelles, l'article 1220 n'ayant à ses yeux qu'un effet provisoire, susceptible de modifications par un partage ultérieur. Devant prendre parti dans cette lutte, nous n'hésitons pas à nous prononcer en faveur du premier avis : les textes comme l'esprit de la loi nous semblent incliner vers cette interprétation. L'article 883, d'après ce sentiment, est inapplicable aux créances ; et voici nos principaux motifs de décider.

La maxime que le partage est déclaratif ne doit avoir trait qu'aux choses susceptibles d'être partagées, et ne peuvent être partagées que les choses qui sont indivises. « L'action en partage, comme la définit Pothier, est celle que chacun des cohéritiers a contre ses cohéritiers pour les obliger à partager les biens qui sont communs entre eux » (*Successions,* ch. 4, art. 1ᵉʳ). On partage donc les biens communs, et l'on ne partage qu'eux. L'opération a pour but de faire cesser l'indivision. Or, l'indivision n'existe pas pour les créances; la loi en opère elle-même le partage. C'est un principe dont les origines remontent jusqu'aux âges les plus reculés de la république romaine : *Inter cohœredes nomina ercta sunto,* portaient les Douze Tables; l'empereur Gordien nous atteste le fait dans la loi 6, au Code, *Famil. ercisc.* C'est une disposition souvent reproduite dans les diverses phases de cette législation, à savoir que les créances (*nomina*) ne sont pas comprises dans l'action en partage, mais qu'elles se divisent *ipso jure* entre les héritiers, par la seule autorité de la loi : *In hoc judicium et si nomina non veniunt,* répète Ulpien, parlant de l'action *familiæ erciscundæ.* Cette distinction remarquable entre la propriété et l'obligation, résultant de la différence du droit réel et du droit personnel, passa dans les Coutumes de notre ancienne France, fut successivement répétée par tous les commentateurs, adoptée par Pothier, et définitivement consacrée par le Code Napoléon dans son article 1220, d'où nous extrayons ce fragment de disposition : « ...... de leurs héritiers, qui ne peuvent demander la dette.... que pour les parts dont ils sont saisis.... comme représentant le créancier. » Les créances se divisant donc de plein droit, chez nous comme à Rome, du jour du décès, entre tous les héritiers à raison du droit héréditaire de chacun, n'est-il pas impossible de leur appliquer les règles du partage ordinaire? Les partisans de la doctrine opposée répondent que l'article 1220 se meut dans une sphère d'action plus restreinte, qu'il ne dispose que pour le temps compris entre le moment où l'indivision prend naissance et celui où le partage s'opère, et que, subordonné à l'issue du partage, il fléchit devant la généralité de l'article 883. C'est faire bon marché, comme on le voit, des principes du droit romain et des décisions de notre ancienne jurisprudence en cette matière; c'est supposer implicitement une abrogation. Mais où trouver la preuve de ce changement de volonté du législateur, de cette innovation introduite dans la loi? Dans le texte de l'article 832, répondent-ils. Voyez, en effet, comment il dispose : « Il convient de faire entrer dans chaque lot, s'il se peut, la même quantité de meubles, d'immeubles, de droits ou de *créances* de même nature et valeur. » Si les créances peuvent être comprises dans le partage, elles ne sont donc pas divisées de plein droit et à toujours. C'est qu'en effet le partage dont parle l'article 1220 n'est qu'un partage provisoire dont l'effet cesse lors du partage définitif qui se substitue au premier.

Mais l'article 832 ne saurait avoir ici la portée qu'on lui attribue. Cette disposition n'est que la reproduction d'une règle d'équité empruntée au droit romain. Le juge avait la faculté, dans certaines circonstances difficiles, d'arriver à l'égalité, en attribuant une créance héréditaire, dans son entier, à tel ou tel lot. Il évitait ainsi la nécessité pour les copartageants de se faire respectivement raison en valeurs étrangères à la succession. Le même esprit a guidé la main du législateur dans la rédaction de l'article 832. Il n'est pas toujours facile de lotir également chaque cohéritier, surtout quand la succession se compose d'immeubles. Souvent l'impossibilité d'arriver à une égalité parfaite ne peut être combattue que par la charge imposée au mieux partagé de payer une certaine somme, à titre de soulte, à celui dont l'intérêt a souffert. Mais le cohéritier débiteur de la soulte n'en aura pas toujours le montant à sa disposition ; il faudra qu'il se le procure, qu'il l'emprunte. De là des difficultés que le législateur aplanit en donnant aux parties le sage conseil de substituer une créance de la succession à la soulte payée en deniers étrangers ; en un mot, de transformer la soulte d'argent en une soulte composée de créances. Soient les deux héritiers que nous prenons pour type, Titius et Mævius, et les deux fonds Cornélien et Tusculan. Le fonds Cornélien, attribué à Titius, vaut 40,000 fr.; le fonds Tusculan, échu à Mævius, 35,000 fr. seulement. Les choses restant ainsi, Titius devrait payer à Mævius une soulte de 5,000 fr, à l'effet de le remplir de ses droits. Mais dans la succession du *de cujus* existait une créance précisément de la valeur de 5,000 fr. La loi dit aux cohéritiers : « Sans doute j'ai divisé cette créance du jour de la mort du *de cujus*, de manière que 2,500 fr. reviendront à chacun de vous, Titius et Mævius. Mais, pour vous éviter, à vous, Titius, la peine de vous procurer les 5,000 fr. que vous devez à Mævius à titre de soulte, je vous conseille de renoncer à votre part dans la créance et de l'attribuer intégralement à votre cohéritier, de façon à rétablir l'égalité rompue. » Tel est évidemment le langage que tiendrait le législateur s'il avait à expliquer le motif de la disposition finale de l'article 832. C'est un conseil qu'il a donné, rien de plus ; le texte de l'article achèverait de dissiper le doute sur ce point s'il en restait encore. *Il convient,* dit-il ; et plus loin : *S'il se peut ;* rien ne ressemble moins à un ordre. Laissons donc l'article 832 de côté, étranger qu'il est aux effets du partage ; laissons les cohéritiers se faire entre eux, à titre d'indemnité, telles cessions que bon leur semblera. Mais, sans conclure de quelques dispositions de détail éparses dans le Code à une conséquence qui jetterait la perturbation dans les principes consacrés, ne combinons pas deux articles qui n'ont point de rapport pour en renverser un troisième dont l'application ne souffre pas d'exception. La loi divise les créances *ipso jure* aussi bien que les dettes ; or, viendrait-on dire que, parce qu'il a plu à l'un des cohéritiers de mettre une dette à la charge exclusive de l'autre, les créanciers de la succession ont perdu leur droit de poursuite contre lui, en raison de sa part héréditaire?

Si de pareilles considérations nous semblent assurer à ce système l'avantage sur celui que nous combattons, la pensée des législateurs, soit du moyen-âge, soit des temps modernes, se dégageant de l'histoire, ne donne pas à nos adversaires un démenti moins formel. Nous avons démontré, dans les premières pages de ce Mémoire, que la théorie actuelle du partage découle d'une réaction des légistes contre l'oppression de la féodalité toute-puissante. La nature nouvelle imposée au contrat n'avait qu'un but, la chute des droits seigneuriaux. Or, si les jurisconsultes étudièrent avec soin les choses susceptibles de recevoir le joug de l'inféodation, afin de les soustraire à la fiscalité de ses conséquences, ils s'inquiétèrent assez peu, on le conçoit, du caractère des objets tels que les créances, qui, par leur essence même, échappaient au danger. La pensée ne leur vint pas même un instant de leur appliquer la règle nouvelle qu'ils venaient de créer ; ils les laissèrent sous l'empire consacré de la législation romaine. Ce n'est donc pas des jurisconsultes du moyen-âge que les créances pourraient se réclamer pour prétendre reconnaître la supré-

matie de l'article 883; des jurisconsultes de l'an XII,
pas davantage. Rappelons-nous la pensée dominante
qui les a guidés. Deux mots la résument : intérêt de
la famille, sécurité de la propriété. Ce double motif
a-t-il sa raison d'être au point où nous en sommes ar-
rivés? Nullement. Il ne s'agit pas de faire tomber des
hypothèques, d'anéantir des droits réels, de dégrever des immeubles, d'empêcher des recours. La propriété ni la famille ne réclament plus cette coûteuse
protection donnée par la loi, au mépris des droits
acquis; l'intérêt des tiers doit donc reprendre son
empire et la fiction s'évanouir.

Toutefois, la jurisprudence en a décidé autrement.
C'est la première fois que dans notre marche nous
nous écartons de ses oracles, ce ne sera pas la dernière. Elle n'est pas toujours restée fidèle au texte de
la loi non plus qu'à l'esprit du législateur; nous aurons plus d'une occasion de vérifier, dans la suite,
la justesse de cette observation. Un arrêt de rejet de
la Cour suprême, à la date du 24 janvier 1837
(*Journ. Pal.*, p. 124), décide que si une créance,
primitivement divisible, a été comprise en entier au
lot de l'un des héritiers, elle forme sa propriété *ab
initio*, et que la saisie-arrêt qui en a été faite avant le

partage par le créancier personnel d'un autre cohéritier ne peut plus produire aucun effet. « Considérant, ajoute-t-il, que cette règle générale (celle de l'art. 883) *s'applique sans distinction à tous les effets héréditaires,* » et il motive cette opinion en l'appuyant sur les arguments dont nous avons essayé de prouver la fausseté. Au reste, cet arrêt ne décidait la question que d'une façon incidente, c'est-à-dire en matière de partage de communauté, et cette matière a ses règles spéciales.

Mais un autre arrêt plus récent (20 décembre 1848) statue dans le même sens et plus particulièrement. Il établit, entre autres choses, que la disposition de l'article 883 du Code Napoléon est applicable à tous les effets d'une succession indistinctement, et spécialement aux *créances* hypothécaires. Cet arrêt a été rendu à l'occasion d'un immeuble connu sous le nom d'*Hôtel des Bains,* et situé en notre ville. Il serait trop long d'entrer dans les détails assez compliqués de l'espèce. Qu'il nous suffise de dire que la Cour de Dijon avait infirmé le jugement du Tribunal. Parmi ses considérants, et pour ce qui touche au principe renfermé dans l'article 883, elle prétend qu'en droit l'article 883 s'étend à tous les objets *meubles* et immeubles qui composent une succession, et toute son argumentation porte sur l'expression générale : *tous les effets,* qui ne peut être restreinte aux seuls objets immobiliers ; ce qui dispense, ajoute-t-elle , d'indiquer les autres moyens qui consacrent ce point de droit. Voilà une manière de raisonner commode, assurément ; excellente, j'en doute. C'est un judaïsme de logique auquel l'appui de quelques bonnes raisons ne nuirait certes pas. Cependant la Cour de cassation , reproduisant le considérant sous une autre forme, a confirmé l'arrêt précité.

Sans insister plus longtemps sur cette doctrine inexacte, reconnaissons, en vertu du principe de l'article 1220, que chaque cohéritier est saisi, dès l'ouverture de la succession, de sa part dans les créances dont elle se compose , et que le droit que la loi lui confère n'est pas subordonné à la condition résolutoire d'un second partage. Ce n'est point là une simple question de mots , sans quoi nous ne l'eussions pas discutée aussi longuement. Voici les conséquences pratiques qui découlent de la solution que nous lui donnons.

L'acte qui, sous forme de partage, vient ultérieurement modifier la division légale , n'étant plus qu'une cession faite par un ou plusieurs des cohéritiers à l'autre, produit tous les effets et seulement les effets d'une cession, et exige impérieusement, pour sa perfection, l'emploi des formalités mentionnées dans l'article 1690 ; c'est-à-dire que l'héritier cessionnaire de la part de créance de son cohéritier n'en est saisi, à l'égard des tiers, que du moment où il a obtenu du débiteur cédé une acceptation de la cession dans un acte authentique, ou qu'il la lui a fait notifier ;

Les héritiers ont le droit de céder leur part dans la créance ; — les débiteurs peuvent valablement se libérer entre les mains des héritiers pour leur part et portion ;

La saisie-arrêt pratiquée pendant l'indivision sur la part qu'a l'un des cohéritiers dans une créance héréditaire subsiste quand même la créance tomberait en entier, par l'effet d'un partage ultérieur, au lot d'un autre que le débiteur ;

Enfin la compensation contre un cohéritier, pour la portion que la loi lui attribue dans une créance, peut valablement être invoquée par le débiteur héréditaire qui se trouve être en même temps son créancier. Cette conséquence, que nous avons placée la dernière comme la plus importante, nous paraît d'un grand poids pour faire pencher la balance du côté de notre décision. En effet, dans l'opinion contraire, l'article 1290 reste inappliqué. La compensation, au lieu de s'opérer au jour de la mort du créancier, en raison de la part de chaque héritier, serait suspendue jusqu'au partage, quelque reculé qu'il fût. Or, les cohéritiers pourraient s'entendre pour mettre la créance intégrale au lot de l'un d'eux, autre que celui envers qui s'opèrerait la compensation. La fraude serait facile. Notre système ferme la porte à cette collusion.

Il faut donc tenir pour certain, d'après notre sentiment du moins, que la maxime que le partage est *déclaratif de propriété* ne s'applique pas aux choses incorporelles, aux créances.

Des actes équipollents et préparatoires à partage.

Nous n'avons traité jusqu'ici que des effets de la division judiciaire ou à l'amiable qui a reçu le nom de partage *qualifié* ou partage *proprement dit.* Ces mêmes effets s'appliquent, comme nous allons essayer de le démontrer, à des actes qui font ou ont pour objet de faire cesser l'indivision, et qui, pour cette raison, ont été appelés *équipollents*, actes *préparatoires à partage*.

Actes équipollents à partage.

En tête de ces actes se place la licitation.

De la licitation.—La licitation est une vente aux enchères dont la définition nous est donnée par l'article 1686 du Code Napoléon. Elle peut avoir lieu dans deux cas, auxquels répondent les deux premiers paragraphes de l'article : 1° si une chose commune à plusieurs ne peut être partagée commodément et sans perte ; 2° si, dans un partage fait de gré à gré de biens communs, il s'en trouve quelques-uns qu'aucun des copartageants ne puisse ou ne veuille prendre. C'est déjà ce que disait la loi romaine, du moins en partie. Le premier paragraphe est la reproduction fidèle de dispositions qui se formulaient ainsi : « Si commode dividi non potest...... Si divisio sine cujusquam injuria fieri non potuerit..... Si divisio tam difficilis sit, ut pars impossibilis videatur (§ 5, Instit., *De Officio judicis;*

l. 5, c. *Communi dividundo*). » L'impossibilité ou l'incommodité était formellement exigée.

Dans notre ancien droit, au temps où le régime féodal, dans sa plus grande puissance, étendait son réseau dominateur sur toute la France, la licitation fut vue d'un œil favorable par les seigneurs, si jaloux de maintenir leur système hiérarchique dans toute sa pureté. Nous avons signalé les efforts des grands feudataires pour empêcher la division du fief, pratique compromettante de la puissance militaire qui en était le principal attribut. Or, la licitation, réunissant en une seule main les parts de plusieurs, secondait merveilleusement leurs projets ; la licitation fut donc permise, mieux encore, encouragée. « On souffrait en bonne paix, suivant l'expression de d'Argentré, que chacun se despeschast en cela par grâce et concorde, à tiltre de partage... » Mais, lorsque cet esprit ardent et belliqueux des X\`e, XI\`e et XII\`e siècles se fut un peu apaisé, les guerres privées devenant impossibles ; lorsque, la passion de l'or succédant à celle du fer, les profits pécuniaires passèrent dans l'esprit intéressé de l'époque pour le principal avantage du contrat de fief ; lorsqu'en un mot s'établirent les droits de relief et de lods et ventes, « aucuns par

avanture, plus advisés que preud'hommes, voulurent profiter parmy les affaires de leurs voisins, »
ajoute le même auteur, et cherchèrent à introduire
une opinion nouvelle qui attribuait un caractère
translatif à la licitation. Cette prétention fut cou-
ronnée de succès. Jusqu'au commencement du XVIe
siècle, ce système éclos de la fiscalité seigneuriale
régna sans conteste : il fut poussé jusqu'en ses limites extrêmes, la jurisprudence décidant que le
droit était dû, même pour sa portion, par le cohéritier adjudicataire. L'ancienne Coutume de Paris
consacrait en ces termes cette extension de principes : « La licitation au profit d'un cohéritier est
vente pour le tout. » Ainsi les choses allèrent jusqu'à
l'apparition de Dumoulin sur la scène juridique. Il
est curieux d'étudier dans ses propres ouvrages
quelle fut l'influence progressive de son génie sur la
destinée des licitations. L'attaque fut commencée par
lui, et voici à quelle occasion. Trois héritiers ayant
nom *Buquet* recueillent un immeuble par indivis.
Agnès Buquet déclare son tiers et s'en fait investir.
La licitation survenant, elle se rend adjudicataire
pour les deux autres tiers et paie les droits. Récla-
mation du receveur sur le troisième tiers ou part

héréditaire d'Agnès, en vertu de la disposition précitée de la Coutume de Paris ; résistance de la partie. La question paraissant importante, convocation
par les officiers du bureau des finances de quelques
avocats vieillis dans la pratique (*antiquiores togati
ordinis*), parmi lesquels Dumoulin. Soit flatterie,
soit conviction, tous votèrent pour la perception ;
Dumoulin seul résista. Mais quand, se levant pour
présenter ses motifs (*analysim suam*), il voulut parler, on ne l'écouta même pas (*audire non libuit*),
et Agnès fut condamnée. Appel de la partie perdante
et infirmation de la décision des avocats par arrêt
du Parlement de Paris, à la date du 2 avril 1538.
Dès lors il fut reconnu que le cohéritier adjudicataire ne devait aucun droit pour sa part. Dumoulin
ne s'arrête pas en si bon chemin. Encouragé par ce
premier succès, il prétend bientôt que le cohéritier
adjudicataire ne doit les lods et ventes ni pour sa
part ni même pour celle de ses cohéritiers ; et la
Coutume de Paris, pliant sous son ascendant dominateur, dispose dans son article 80 réformé : « Si
l'héritage ne se peut partir entre cohéritiers et se
licite par justice, sans fraude, ne sont dues aucunes
ventes pour l'adjudication faite à l'un d'eux. » En-

core timide dans sa hardiesse, l'habile jurisconsulte restreignait la conséquence de l'axiome nouveau au cas où les cohéritiers auraient seuls pris part à la licitation ; la présence d'un seul étranger, encore que l'adjudication eût été tranchée au profit de l'un des cohéritiers, faisait dégénérer l'opération en vente et donnait ouverture aux droits (*sicut ex mera venditione*). Mais l'esprit, une fois engagé dans une voie, y chemine peu à peu et ne s'arrête pas au premier détour. L'opinion que Dumoulin avait exprimée en son livre *Des Fiefs*, il la modifia, en l'élargissant, dans son traité *Des Censives*. Il soutint qu'il n'y avait pas lieu à acquitter les droits féodaux, quand même un étranger aurait été admis à surenchérir, si l'immeuble licité était resté en définitive à l'un des cohéritiers. Le motif déterminant, c'est que les choses se passent comme s'il n'y avait que des cohéritiers, l'étranger ayant été vaincu et écarté dans la lutte des enchères, *quia victus fuit et repulsus*. La raison était bonne, aussi fut-elle acceptée.

C'est ainsi qu'insensiblement, partant de cette idée que le partage et la licitation ayant une fin identique doivent produire mêmes effets, et s'appuyant sur les dispositions formelles du Digeste et du Code, qui réunissent les deux actes en une seule assimilation (l. 55 , Dig.. *Famil. ercisc.;* — l. 1, Cod., *Com. div.*) , Dumoulin parvint à faire appliquer à la licitation les règles du partage. Cette innovation passa sans difficulté dans les Coutumes : les articles 14 et 15 de la Coutume d'Orléans l'adoptèrent; celle de Paris l'avait déjà consacrée dans son article 80. Seulement, sa rédaction paresseuse et embarrassée soutint longtemps l'esprit de résistance des seigneurs et ouvrit le champ à des contestations sans fin. Ils déduisirent de l'absence du mot *commode,* qui se trouvait dans la loi romaine, la nécessité de l'impossibilité physique du partage de l'objet licité. Ils virent dans la solitude du mot *cohéritiers* l'exclusion des associés, des légataires, etc. Aussi fallut-il de nombreux arrêts, terminant de longues disputes, pour les ramener à l'interprétation de la loi romaine et pour transporter ses dispositions des droits féodaux en matière civile. Mais l'impulsion était donnée : le caractère déclaratif forcément imprimé à la licitation, quoique plus tardivement qu'au partage, passa avec elle dans les écrits des jurisconsultes du XVIIIe siècle, où les rédacteurs du Code le trouvèrent dominant (Pothier, *Vente,* 639-640). « La licitation, écrivait Pothier, quoiqu'elle ait l'apparence d'un contrat de vente, n'est pas néanmoins contrat de vente. — Elle tient lieu de partage et n'est autre chose, de même que le partage, qu'un acte dissolutif de communauté. » C'est donc par un souvenir traditionnel que le partage et la licitation ont été placés sur la même ligne dans l'article 883 ; « ou à lui échus sur licitation, » ajoute-t-il, expressions qui indiquent le droit de bourgeoisie donné dans nos lois à la disposition de l'ancienne jurisprudence.

De ce que la licitation est assimilée au partage par le législateur, nous la soumettons naturellement aux mêmes conséquences. Ainsi, lorsqu'un des héritiers se sera rendu adjudicataire de la portion de son cohéritier, il recevra cette part franche et quitte de toutes les hypothèques ou autres charges dont celui-ci l'aurait grevée durant l'indivision. En effet, l'adjudicataire est censé avoir succédé seul et immédiatement à la totalité de l'immeuble du jour de la mort du *de cujus*, tandis que son cohéritier n'y a jamais eu de droits : s'il n'avait point de droits, il n'a pu l'hypothéquer.

Cette déduction, qui semble sévère à quelques esprits, est taxée d'injustice par certains autres. Tel n'est point notre sentiment, et ce que nous disons pour justifier les effets de la licitation s'étend au partage. Les créanciers ne peuvent alléguer qu'ils ont été induits en erreur. Ils savaient ou devaient savoir que l'hypothèque qu'ils obtenaient ainsi sur un immeuble indivis était essentiellement éventuelle, par conséquent susceptible de subsister ou de s'évanouir, suivant que la part grevée par l'événement de la licitation ou du partage tomberait ou non au lot de leur débiteur. Non-seulement donc nous n'exigerions pas, pour l'application de l'article 883, que la licitation fût ordonnée en justice, comme le demandent quelques auteurs, mais il ne nous semblerait pas même nécessaire de recourir à la voie des enchères publiques, en admettant des étrangers au concours. On objecte qu'il faut employer des formes qui établissent une différence sérieuse entre la licitation et une simple vente ordinaire : à quoi nous répondons que, la loi parlant purement et simplement de licitation, sans ajouter la nécessité de l'adjonction d'étrangers à l'opération, nous ne devons pas en étendre les termes ni distinguer là où elle n'a point voulu de distinction. C'était bien, au reste, l'esprit de l'ancienne jurisprudence, puisque, dans le principe, l'effet déclaratif n'était attaché à la licitation qu'au cas précisément où les étrangers en étaient exclus. Remarquons enfin que, pour empêcher qu'il soit procédé sans nécessité à une licitation, lorsque le partage peut s'opérer commodément et sans perte, les créanciers ont le droit d'intervenir à leurs frais et de s'opposer à toute manœuvre frauduleuse (art. 882). Ce double droit d'intervention et d'opposition garantit suffisamment les tiers.

Nous avons dit comment la question de savoir si la licitation serait affectée du caractère déclaratif, lorsque des étrangers sont admis au concours, encore qu'ils soient écartés par les cohéritiers, avait d'abord été résolue négativement par Dumoulin. Plus tard il revint sur cette opinion, reconnaissant qu'il y avait mêmes raisons de décider, que les étrangers eussent été appelés ou non, puisqu'en définitive ils avaient succombé dans leurs offres. Mais il s'était arrêté à cette limite, et il attribuait les effets translatifs d'une vente à l'acte par lequel un étranger s'était porté adjudicataire. Pour nous, nous irons plus loin encore, et nous donnerons l'effet déclaratif à la licitation, encore que l'adjudication ait été tranchée au profit d'un étranger. Par conséquent, toutes les hypothèques ou autres charges qui auront été constituées du chef d'un ou de plusieurs des cohéritiers sur l'immeuble indivis échu par licitation à l'étranger, seront rétroactivement anéanties, et l'immeuble passera franc et libre entre les mains de l'adjudicataire.

Cette opinion, repoussée par Dumoulin, le fut également par tous les jurisconsultes, jusqu'à la promulgation du Code Napoléon. Fonmaur, n° 306, résume leur doctrine dans ces quelques lignes. « Mais, si l'étranger admis à liciter est adjudicataire, l'adjudication faite à son profit a tous les caractères d'une vente, puisque les différents vendeurs ne sont qu'un à son égard, et qu'il est égal d'être acquéreur d'un ou de plusieurs vendeurs ; en sorte que cette adjudication est sujette à tous les droits d'une vente, comme s'il n'y avait qu'un vendeur. » De même, Pothier enseigne que, lorsque le bien licité est adjugé à un étranger, la licitation est un vrai contrat de vente, qui en produit de part et d'autre toutes les obligations (*Vente*, n° 516). Ce résultat unanime des avis des docteurs avait été recueilli dans la disposition finale de l'article 80 de la Coutume de Paris, ainsi conçue : Si l'immeuble est ad-

jugé à un étranger, l'acquéreur doit vente. » La doctrine réprouvée ne fut pas plus heureuse depuis
1804 ; la majorité des auteurs modernes et la jurisprudence (Paris, 2 mars 1812, *Journ. Pal.*, t. 10,
page 167) se sont déclarés contre elle. Néanmoins,
et malgré ces imposantes autorités, nous regardons
notre solution comme plus conforme aux vrais principes.

Répondons d'abord rapidement aux principales
objections qui nous sont faites, après quoi nous éta-
blirons les bases sur lesquelles nous appuyons notre
théorie.

Pour soutenir l'effet attributif, on nous oppose les
premiers mots de l'article 883 : *Chaque cohéritier.*
La loi ne parlant que des cohéritiers, ce n'est qu'à
leur égard que la licitation peut avoir un effet déclaratif. Nous avons déjà fait voir plus haut en quelle
estime il faut tenir ces arguments judaïques dont le
texte fait tous les frais. Sans doute l'article ne parle
que des cohéritiers ; mais est-ce à dire pour autant
qu'il restreigne ses dispositions à ce qui est d'eux ?
Il faudrait, dans ce système, aller jusqu'à soutenir
qu'il ne s'applique jamais aux autres communistes,
ce qui serait pourtant une étrange hérésie. La loi

statue *de eo quod plerumque fit;* mais son silence à l'endroit de l'étranger adjudicataire n'équivaut pas à une négation. D'ailleurs nous pourrions, sur ce terrain, nous servir des mêmes armes et répondre au texte par le texte. D'après l'article 883 *in fine,* les cohéritiers n'ont jamais eu la propriété des effets de la succession qui ne sont pas tombés dans leurs lots; à supposer donc que l'étranger n'ait pas été propriétaire *ab initio* de l'immeuble à lui adjugé, ils ne l'ont pas été davantage. Or, ne l'ayant pas été, ils n'ont pu grever d'hypothèques l'immeuble en question; car la propriété est la condition première de la constitution des droits réels (art. 2129); donc l'adjudicataire le reçoit franc et quitte de toutes charges. L'argument me paraît péremptoire.

On poursuit ainsi les objections : Dans le cas de l'adjudication au profit d'un étranger, la licitation, quelque nom qu'elle prenne, n'est autre chose qu'une vente consentie par la masse des cohéritiers à l'adjudicataire; or, il est de règle, dans le contrat de vente, que l'acheteur reçoive l'immeuble vendu dans l'état où il se trouve entre les mains de son vendeur, c'est-à-dire accompagné de toutes les hypothèques ou autres droits réels qui le grèvent. A quoi nous répondons que, s'il est vrai qu'il y ait vente relativement à l'étranger, il n'en est pas moins vrai qu'il y a partage pour les cohéritiers, puisque l'indivision cesse entre eux et que nous assimilons au partage tout acte qui met fin à l'indivision. S'il y a partage, nous devons en appliquer les règles.

La loi du 22 frimaire an VII, dont nous aurons bientôt à nous occuper spécialement au chapitre 4, confirme cette interprétation. En effet, son article 69 (§ 5, n° 6, et § 7, n° 4) tarife à un certain droit les parts et portions indivises des biens meubles ou immeubles acquises par licitation. Ces expressions s'entendent des parts acquises par un étranger aussi bien que de celles acquises par l'un des cohéritiers. Or, puisque les étrangers sont mis sur le même rang que les cohéritiers quand il s'agit de subir une charge, pourquoi ne le seraient-ils pas également pour recueillir un avantage?

Mais enfin, ajoute-t-on, comment expliquer qu'un non successible puisse tenir un objet du défunt *die mortis*, du jour de l'ouverture de la succession? — D'une manière bien simple! par le bénéfice de la fiction. Est-ce plus étonnant, en somme, que ce que nous apprendrons bientôt dans le partage avec soulte, à savoir que chaque cohéritier est censé recevoir directement du *de cujus* même ce que celui-ci n'avait pas ? Nous marchons dans une voie idéale, où notre foi a besoin d'une grande souplesse pour se plier aux enseignements du législateur, où rien de ce que nous rencontrons ne doit nous surprendre, guidés que nous sommes par ce grand fanal de l'intérêt de la famille. C'est lui, en effet, que nous avons élevé, dans notre chapitre II, au rang de principe dominant. C'est lui encore, et lui seulement, que nous invoquons ici en faveur du tiers-adjudicataire, après avoir réfuté les objections formulées contre nous. En effet, de deux choses l'une dans le système contraire : ou l'étranger, avant l'adjudication, connaîtra les charges qui grèvent l'immeuble, ou il ne les connaîtra pas. S'il les connaît, sachant qu'il doit les respecter, il se gardera de prendre part à la licitation, ou du moins il n'offrira qu'un prix bien inférieur au prix véritable de l'immeuble ; l'adjudication n'aura pas lieu ; si elle a lieu, elle se fera mal. Que s'il les a ignorées, au contraire, du jour qu'il sera évincé par l'exercice de l'action hypothécaire, il recourra contre son vendeur, c'est-à-dire contre la collection des cohéritiers desquels il tient ses droits ;

ceux-ci, actionnés, auront à leur tour un recours contre le cohéritier qui les a, par son fait personnel, soumis à cette poursuite. De là des involutions de procédure, des actions récursoires dont la multiplicité n'aboutit qu'à détruire le gage des uns et le patrimoine des autres.

Cette raison, tirée des motifs législatifs de l'article 883, qui nous a déjà déterminés dans la solution de plusieurs questions et qui nous guidera encore plus d'une fois, nous fait accorder le caractère déclaratif à la licitation, même au cas où c'est un étranger qui s'est porté adjudicataire.

De l'assimilation, dans toutes les hypothèses, de la licitation à un partage, résulte l'impossibilité de lui appliquer les conséquences d'une vente ordinaire. Ainsi, au cas de non paiement du prix par l'adjudicataire, les cohéritiers ne peuvent demander la résolution du contrat, puisque nous venons de reconnaître qu'il n'y a pas vente. Tout leur droit se réduit à exercer le privilége qui leur est accordé par les articles 2103-3° et 2109 du Code Napoléon. La Cour de cassation (24 mars 1823 et 14 mai 1833) l'a décidé pour l'hypothèse où l'un des cohéritiers s'est porté adjudicataire; nous étendons la décision à l'étranger, en vertu de notre doctrine. Réciproquement, l'adjudicataire ne jouira d'aucun des droits d'un acheteur, notamment du droit de poursuivre la résolution de la vente, au cas d'éviction. Il devra se contenter d'un simple recours personnel contre les autres cohéritiers (art. 885).

Pour les mêmes raisons nous déciderons que la licitation de l'immeuble indivis ayant eu lieu en justice, et l'adjudicataire ne remplissant pas ses obligations, les copartageants ne peuvent provoquer contre lui ce mode rapide de résolution spécial aux ventes judiciaires et connu sous le nom de *folle enchère* (Cass., 9 mai 1832 et 14 mai 1833).

Nous n'allons cependant pas jusqu'à nous ranger de l'avis de ceux qui dénient au copartageant le droit de poursuivre la résolution du partage ou la revente sur folle enchère, si une clause formelle, insérée dans le cahier des charges, leur fait cette réserve, en cas de non paiement de la soulte ou du prix. Une telle clause n'a rien d'illicite en elle ; l'intérêt public n'en est pas lésé, aucun texte ne le dit. Tout, au contraire, dans l'ensemble des dispositions sur la matière, démontre que les copropriétaires majeurs et maîtres de leurs droits ont la faculté de subordonner l'attribution de la masse indivise à l'accomplissement d'une condition. Et alors, quelle serait la raison d'annuler celle qui soumettrait au paiement de la soulte la validité du partage? Evidemment cette clause n'est pas contraire à la nature de la fiction établie par l'article 883 (Cassat., 9 mai 1834 et 25 mai 1835).

Ce dernier arrêt dénie l'application de l'article 883 au cas d'une succession bénéficiaire, sous le mérite de cette observation que l'adjudicataire, bien qu'héritier, joue le rôle d'un étranger, et que c'est le caractère de vente ordinaire qui prédomine.

Du partage avec soulte. — Un second acte équipollent à partage est le partage avec soulte, soit que la soulte payée consiste en argent comptant, soit qu'elle se compose d'une rente. L'article 883 n'en fait pas mention, mais il est implicitement contenu dans sa seconde partie. Qu'est-ce, en effet, que la licitation, sinon un partage avec soulte, les parts du prix dû aux colicitants par l'adjudicataire constituant une véritable soulte? Il y a donc même raison de lui reconnaître l'effet déclaratif qu'à la licitation, et où il y a même raison, même droit doit être adopté.

Sous l'empire de l'ancienne législation, les docteurs avaient fini par admettre cette solution. Rapportant l'affranchissement des partages à la nécessité de l'aliénation, ils en conclurent qu'il n'était jamais rien dû, quel que fût le moyen de sortir d'indivision, parce que, dans tous les cas, l'aliénation était nécessaire. Quant aux praticiens qui affranchissaient le partage sous prétexte qu'il n'est pas une aliénation, ils eurent quelque scrupule à soutenir leur thèse en faveur du partage avec soulte. Ils y reconnurent, malgré eux, une espèce de mutation, et ne contestèrent pas l'exigibilité du droit dans cette circonstance. Henrion de Pansey nous montre cette opinion comme la plus répandue; nous la trouverons bientôt consacrée par la loi de frimaire. Toutefois, elle ne saurait se soutenir dans le domaine du droit civil. M. Rodière, dans une séance de l'académie de législation de Toulouse (30 déc. 1851), s'en est fait le zélé champion. Il ne voit dans le partage avec soulte qu'une cession-transport de biens immobiliers, jusqu'à concurrence du montant de la soulte. Il s'appuie sur le § 3 de l'article 68 de la loi du 22 frimaire an VII, qui tarife les soultes comme prix de vente. Aussi, d'après lui, l'article 883 ne saurait s'y étendre, et les créanciers qui ont obtenu des hypothèques durant l'indivision peuvent se faire colloquer, selon le rang de ces hypothèques, sur le montant de la soulte.

Son opinion fut vivement et victorieusement combattue. D'abord, pour ce qui est de l'argument tiré de la loi de frimaire, il lui fut répondu avec raison qu'il ne faut pas s'exagérer son influence, les lois fiscales ne pouvant prétendre à régir les rapports du droit civil de particulier à particulier. Puis on lui objecta, entre autres choses, qu'il est si vrai que le partage avec soulte n'échange pas son caractère de partage contre celui de vente, qu'au cas de lésion du cohéritier, on prendrait pour estimer cette lésion non pas la limite des sept douzièmes, mais bien celle du quart, ce qui prouve son assimilation au partage ordinaire. Mais la grande objection qui se reproduit encore ici, et qui doit dominer toutes les autres, est celle tirée de l'intérêt des cohéritiers. La faculté accordée aux créanciers hypothécaires d'exercer leurs droits sur la soulte donnerait naissance à des difficultés et créerait des entraves à l'exécution du partage. Cette raison suffirait à elle seule pour faire rejeter le système de M. Rodière, si d'autres bons motifs ne venaient encore se grouper autour d'elle. Repoussons donc cette distinction : l'article 883, s'appliquant littéralement au cas de licitation, régit par cela même le partage avec soulte comme le par-tage proprement dit. D'ailleurs, l'article 2109 lui sert de complément sous ce rapport.

Autres actes équipollents à partage. — Nous ve-nons d'assimiler au partage soit la licitation, soit le partage avec soulte, en nous fondant sur la disposi-tion implicite ou expresse de l'article 883. Nous devons faire passer sous le même niveau tous les autres actes qui ont pour effet de faire cesser l'indi-vision, quel que soit le nom dont les aient revêtus les parties contractantes. Les progrès de l'ancienne jurisprudence ont été lents dans cette voie. Dumou-lin dénie l'exemption des droits aux actes passés à titre de *vente,* d'*échange* ou de *transaction.* C'était à d'Argentré qu'il appartenait de fixer les idées dans le sens opposé. Le premier il soutint qu'il fallait, et ce sans exception, s'attacher à l'intention des parties plutôt qu'à l'étiquette des actes : *Spectandum potius quid agitur* (*De Laudimiis,* § 53). Les auteurs qui suivirent formulèrent cette doctrine en axiome. Ferrière et Guyot se déclarèrent ses partisans. Le Parlement de Paris, d'après Henrion de Pansey, la tenait pour certaine. Enfin Pothier s'exprime ainsi au chapitre 5 de son traité *Des Fiefs :* « Cela a passé en maxime que *tout acte* entre cohéritiers ou copropriétaires, dont l'objet est de dissoudre la communauté qui est entre eux, tient lieu de partage, *sous quelque dénomination qu'il soit conçu,* et est exempt de profit. » Les rédacteurs du Code, trouvant cette doctrine consacrée par l'autorité des jurisconsultes du XVIIIe siècle, la renfermèrent dans l'article 888, qui éclaircit ainsi par ses énonciations ce que l'article 883 présentait d'obscur. Au premier abord, il ne semble envisager qu'un des côtés de la question : l'assimilation entre le partage et les actes équipollents à partage n'est par lui faite que pour la rescision ; mais nous devons l'étendre à tous les autres cas, pour identité de motifs : il soulève un des coins du rideau, à nous de le tirer tout-à-fait !

L'article 888 nous indique trois nouveaux actes équipollents à partage : une vente, un échange, une transaction. Le partage peut revêtir ces trois formes. Les héritiers sont-ils également lotis en effets de la succession? L'acte rappelle l'échange. Reçoivent-ils des rentes ou de l'argent à titre de soulte, de cession ou de licitation? L'acte prend le masque d'une vente. Des concessions servent-elles à consolider des droits mal établis? L'acte garde les apparences d'une transaction. Loin donc de s'attacher à l'écorce des actes pour en déterminer la nature, il faut pénétrer plus avant et se demander quelle a été la cause de la convention, quel but se sont proposé les parties contractantes. Or, quelle est la fin de la vente? un acte de commerce; de l'échange? l'acquisition d'une chose qui convient mieux que la chose cédée; de la transaction? l'anéantissement d'un procès né ou à naître. Or, dans l'espèce qui nous occupe, les actes décorés de ces dénominations nous présentent-ils ce but? Non; ils n'en ont qu'un, sortir d'indivision, qui est précisément celui du partage. Aussi, malgré le titre dont on les affecte, nous les regardons comme de véritables partages et leur en appliquons le effets.

La même décision doit être adoptée, selon nous, lorsqu'un des héritiers donne à ses cohéritiers un immeuble qui lui est propre et reçoit en récompense la totalité des biens communs. Des auteurs, se fondant sur ce que le Code est muet à cet égard et laisse la question intacte, prétendent que l'effet déclaratif de l'article 883 ne doit pas être étendu à ce cas. Nous ne voyons pas, pour notre part, quel est leur motif de décider. Quelle a été, en effet, l'intention des parties? l'échange? Non, mais bien le partage. L'opération qui a lieu n'est autre chose qu'un partage avec soulte : car qu'importe, en définitive, que le retour soit payé en argent ou consiste dans un immeuble? Si c'est un partage, il faut en appliquer les règles. Cette opinion était celle de la majorité des jurisconsultes anciens, et avait fini par prévaloir sous le patronage de d'Argentré.

Toutefois il convient de faire une distinction relativement à la transaction. Si des difficultés s'élèvent sur des questions peu sérieuses, le mode de partage par exemple, la transaction intervenant et résolvant ces difficultés devra être considérée comme acte équipollent à partage : à ce point de vue, ce que nous venons de dire est vrai. Mais si de vraies contestations venaient à surgir, touchant au fond même du droit, l'acte qui les tranche serait considéré comme une transaction ordinaire régie par ses règles spéciales : il ne tombe plus sous l'application de l'article 883.

L'article 888 nous cite l'*échange*, la *vente*, la *tran-*

saction. Remarquons que ce sont tous des actes à titre onéreux ; ajoutons qu'il ne pouvait en être autrement. En effet, l'article 888 ne fait l'assimilation de ces actes au partage qu'au point de vue de la rescision, et il ne peut y avoir lieu à rescision pour les actes à titre gratuit, la donation par exemple. Tirons-en la conséquence que la donation de ses droits successifs faite par l'un des cohéritiers à l'autre n'est point un partage et n'en subira pas les effets, mais sera soumise aux règles des dispositions à titre gratuit.

Du reste, l'article 888 n'est pas conçu dans un esprit limitatif ; il n'a pas entendu restreindre le rapprochement avec le partage aux trois contrats précités. La preuve en est dans les derniers mots du premier paragraphe : *ou de toute autre manière*. Ces expressions laissent un vaste champ à l'interprétation, qui devra ranger sous la même règle tous les actes à titre onéreux qui font cesser l'indivision.

Actes préparatoires à partage.

Nous comprenons sous cette rubrique les actes qui ont pour *objet* de faire cesser l'indivision, et nous leur accordons l'effet déclaratif de l'article 883, comme au partage et aux actes équipollents à partage. Rarement, en effet, un partage s'effectue d'un seul coup ; plusieurs opérations successives sont souvent nécessaires aux héritiers : aussi est-il permis, comme dit Guyot dans son traité *Des Licitations,* de l'élaguer par des actes préparatoires. Ces actes, partages au petit pied, ont pour *objet* de faciliter le partage principal, de faire cesser l'indivision ; ils rentrent donc dans la disposition de l'article 888, non moins que les actes équipollents à partage, qui ont pour *effet* de faire cesser l'indivision.

Cette doctrine a pour elle le droit d'ancienneté ; car elle prend sa source dans les dispositions de la loi romaine. Depuis Alexandre Sévère jusqu'à la promulgation du Code, il a toujours été décidé que la cessation complète d'indivision entre tous les communistes n'était pas nécessaire pour qu'il y eût partage. Voici comment s'exprime Ulpien dans la loi 2 (§ 4, Dig., *Fam. ercisc.*) : *Dubitandum autem non est quin familiæ erciscundæ judicium et inter* pauciores *hæredes* ex pluribus *accipi possit.* Notre France coutumière avait adopté le principe sous l'influente autorité de d'Argentré, qui voulait soustraire ces actes aux droits féodaux ; Guyot, Henrion de Pansey, Pothier (*Communauté*, n° 145, 3ᵉ alinéa), s'étaient montrés les respectueux héritiers de cette idée et avaient entraîné à leur suite deux esclaves fidèles, la pratique et la jurisprudence des Tribunaux. Nul doute que l'article 888 n'ait entendu transformer en loi une opinion consacrée par les siècles. Il a donné sa sanction à cette doctrine du *premier acte* exposée par Guyot, en vertu de laquelle le premier acte passé entre cohéritiers, avant partage, était exempt des droits de lods et ventes, comme ayant toujours pour objet le partage.

C'est ce que n'admet point la Cour suprême. Sa croyance, invariablement établie par une longue suite d'arrêts, consiste à soutenir que, pour qu'un acte soit considéré comme un partage et muni de ses effets, il faut que cet acte fasse cesser l'indivision de la chose commune d'une manière absolue à l'égard de tous les copropriétaires. Elle s'inquiète peu, la chose est manifeste, de la jurisprudence antérieure ; il ne faut que jeter les yeux sur le premier alinéa de l'article 888 pour remarquer qu'elle ne fait guère plus de cas du texte de la loi. Au lieu de cette première phrase : « L'action en rescision est

admise contre tout acte qui a pour objet de faire
cesser l'indivision entre cohéritiers , » elle substitue
celle-ci comme plus conforme à ses vues : « L'action
en rescision est admise contre tout acte qui a pour
effet de faire cesser *entièrement* l'indivision entre *tous*
les cohéritiers. » Petite est la modification, sans aucun
doute : deux mots ajoutés et un troisième changé....
les résultats sont immenses! Supposons un immeuble
indivis et trois héritiers ; le premier cède ses droits
au second. Ce premier acte, qui tend à la cessation
de la division et qui la fait réellement cesser entre
deux cohéritiers, aurait été assimilé au partage par
les anciens jurisconsultes; mais par cela que l'indivision subsiste encore entre le second et le troisième
qui n'a point pris part à l'acte, la Cour de cassation
décide qu'il n'y a pas lieu d'appliquer les dispositions de l'article 883. Il y a vente ; les principes de
la vente seront seuls invoqués. Même solution pour
le cas où, dans la même espèce, le premier des cohéritiers aurait cédé ses droits successifs aux deux
autres conjointement, parce que l'indivision continue
entre eux et que la Cour exige que l'indivision cesse
absolument à l'égard de *tous* les cohéritiers. Que si,
par conséquent, tous les cohéritiers consentaient

l'abandon complet de leurs droits héréditaires à un seul d'entre eux, un pareil acte, ayant pour effet de réunir la succession entière dans une seule main, équivaudrait à un véritable partage, et, à ce titre, jouirait de ses effets. Telle est la règle inflexible qui repose sur les nombreux monuments d'une jurisprudence invétérée. Sa pierre de touche est la cessation complète de l'indivision entre tous. Nous avons lu avec soin les principaux arrêts qui consacrent cette opinion ; ils portent les dates suivantes : 3 mars 1807, 25 janvier 1809, 16 janvier 1827, 18 mars et 24 août 1829, 27 décembre 1830, 31 janvier, 16 mai et 6 novembre 1832, 27 mai 1835, 13 août 1838, 5 décembre 1839, 28 décembre 1840, 19 janvier 1841, 6 mai 1844. Les Tribunaux de première instance rejettent, au contraire, le système des arrêts qui précèdent, soit en matière civile, soit en matière d'enregistrement. Rien de plus curieux à étudier que cette lutte des Tribunaux avec la Cour de cassation. Ils invoquent à leur appui, dans de longs considérants, l'ombre de Dumoulin et celle de Pothier, la jurisprudence des Parlements, les arrêts des 15 décembre 1648 et 29 février 1792 ; ils soutiennent que le mot licitation embrassait aussi bien la licitation partielle que la licitation générale. La Cour suprême casse impitoyablement, sur ce prétexte que les Tribunaux font une fausse application de l'article 883 et violent expressément les articles 52 et 54 de la loi du 28 avril 1816. Dans la foule des considérants qui se déroulent sous nos yeux, nous en empruntons un à l'arrêt du 31 janvier 1832, comme indiquant en termes explicites les modifications que la Cour impose à l'œuvre du législateur. « Attendu que la fiction du droit établie par l'article 883 du Code Napoléon..... ne s'applique, d'après les termes mêmes de cet article, qu'aux actes qui y sont énoncés, et qui, passés entre *tous* les cohéritiers ou autres copropriétaires d'une même chose, ont pour *effet* d'en faire cesser l'indivision. » L'altération est évidente. De la lecture attentive de ces dix ou douze arrêts ressort en lumière cette vérité incontestable, que la Cour de cassation veut restreindre autant que possible l'étendue de l'article 883. Peut-on le dire plus clairement que cette ligne détachée d'un arrêt du 6 novembre 1832? « Considérant que cette exception (celle de l'art. 883), *qui doit être restreinte dans les plus strictes limites;* » au reste, nous avons déjà constaté cette tendance restrictive en traitant de l'esprit de notre

Maxime. Si bien que, chose remarquable ! c'est l'administration elle-même qui pose des bornes modératrices à l'absolue doctrine de la Cour suprême (délibération du 30 octobre 1829).

De ce que l'article 883 est inapplicable aux actes qui ne font pas cesser absolument l'indivision, dérivent plusieurs conséquences d'une haute portée. Entre les copartageants l'acte étant translatif et se rapprochant de la nature de la vente, nécessité, pour en obtenir la rescision, d'une lésion des sept douzièmes, disparution de la garantie des partages. Vis-à-vis des tiers, maintien des hypothèques, obligation de la purge et de la transcription; partant, droit de transcription à payer à la régie, ainsi que le droit de vente; tels sont les principaux résultats. Nous verrons même bientôt que c'est en vue de ce dernier et dans l'intérêt du Trésor que la Cour, de concert avec lui, a sanctionné ce système.

Nous ne saurions, avec tout le respect dû à d'illustres magistrats, trop blâmer un semblable mode d'interprétation. En prenant le mot partage pour synonyme de réglement définitif des droits de chacun des copropriétaires, ils lui donnent un sens trop large, qu'évidemment il n'a pas. Ce réglement est une liquidation, mais non le partage tel que la loi le comprend. L'article 2109 confirme cette assertion. Que le législateur eût dû adopter cette théorie et la substituer à l'ancienne, c'est ce que nous n'examinerons pas : ce qu'il y a de certain, c'est qu'il l'a positivement rejetée, comme le proclame hautement la rédaction de l'article 888. Or, il n'appartient à personne, pas même à la Cour de cassation, de faire plier sous son caprice un texte clair et formel, fût-ce dans la meilleure intention. Son autorité ne va pas jusque-là. Placée comme la clef de voûte de l'édifice judiciaire pour maintenir l'unité de jurisprudence et raffermir le respect dû aux lois, elle n'a pas le droit de les renverser. Si la loi est mauvaise, c'est au législateur de la refaire; mais, tant qu'elle subsiste, le rôle de la Cour suprème est d'en donner la saine interprétation, rien de plus! Or, ces principes élémentaires, elle semble les avoir totalement oubliés en cette circonstance. Elle a fait violence au texte; elle a presque rayé l'article 888 du Code, et par là porté un coup terrible à la disposition de l'article 883. Qu'on ne doive pas trop étendre cette fiction, nous le concevons, surtout en nous plaçant au point de vue de ceux qui la trouvent contraire à la

nature des choses et aux besoins essentiels de la société. Mais qu'on la restreigne au point de l'étouffer,
au mépris de la lettre et de l'esprit de la loi, voilà ce
qui ne saurait s'admettre devant l'autorité même de
la Cour de cassation. Espérons donc qu'elle fera un
retour sur une opinion erronée, et qu'elle reviendra
aux sages considérants que l'ancienne jurisprudence
et le texte de l'article 888 avaient dictés aux arrêts de
1808, 1809 et 1828.

SECTION II.

Entre codonataires, colégataires et coacheteurs.

Aucun texte du Code ne parle des effets du partage de la chose possédée en commun par des codonataires ou des colégataires. La loi se taisant, si
nous recourons aux traditions du passé, nous voyons
que tous les anciens juristes, et à leur tête Guyot,
dans son traité *Des Licitations*, sont unanimes pour
appliquer l'effet déclaratif à cette hypothèse. Pothier
(*Vente*, n° 631) développe cette idée de la façon la
plus claire. Ce n'est pas sans raison. Les légataires
ou donataires indivis ont, comme l'héritier, *totum*

in toto et in qualibet parte de l'objet indivis ; nous les soumettrons donc aussi à la règle de l'article 883.

De même encore, nous donnerons l'effet déclaratif au partage d'une chose acquise en commun par deux ou par plusieurs acheteurs. Cette acquisition n'est, en effet, qu'une véritable société particulière, rentrant dans les termes de l'article 1841, et qui tombe par conséquent sous la disposition de l'article 1476, dont nous parlerons bientôt.

SECTION III.

Entre époux mariés sous le régime de la communauté.

Nous avons déjà annoncé précédemment qu'on ne distingue plus aujourd'hui, pour l'application de l'article 883, entre les diverses causes qui peuvent donner naissance à l'indivision. C'est là, avons-nous dit, un legs de la loi romaine à la législation coutumière. Toutefois cette dernière fut longue à l'accepter. Chopin, sur la Coutume d'Anjou (liv. 2, tit. Des Lods, n°ˢ 7 et 8), repoussait l'assimilation. Il se faisait en cela l'avocat des seigneurs, qui argumen-

taient habilement du système des docteurs pour renverser une prétention si contraire à leurs intérêts.
Les feudistes en effet, ainsi que nous l'avons constaté, leurs manuscrits à la main, expliquaient l'affranchissement du partage par la nécessité de l'aliénation qu'il contient : les seigneurs avaient cédé
devant cette raison plus spécieuse que solide. Mais
quand la question vint à s'agiter au sujet des partages
entre époux communs ou entre associés, ils repous-
sèrent l'application du principe nouveau à ces com-
munautés, se refusant à y reconnaître la nécessité
tant invoquée par leurs adversaires. C'était encore
à Dumoulin qu'il appartenait de vaincre leur résis·
tance. Sous la double influence de son esprit antifiscal et de son bon sens, qui ne pouvaient voir à des
choses identiques appliquer des règles différentes,
il pose la question comme résolue dans le sens de
l'assimilation (traité *Des Fiefs*, § 33, gl. 1, n° 69).
*Vicesimo secundo, quæro quid de divisione inter so-
cios vel cohæredes?* Il ne la discute pas. D'Argentré
s'exprime de même ; Loisel, à son tour, recueille
la règle dans ses Institutes : « De partage, dit-il,
licitation et adjudication entre cohéritiers ou *com-
parçonniers*, ne sont dus lods ne ventes » (*Cens.*,

R. 13). Enfin, de nombreux arrêts de la jurisprudence, rendus surtout dans le cours des XVIIe et XVIIIe siècles, confirmèrent cette solution que le législateur moderne recueillit dans l'article 1476 pour la communauté conjugale, et dans l'article 1872 pour les sociétés ordinaires. Nous nous occuperons d'abord de la première.

L'article 1476 dispose ainsi : « Au surplus, le partage de la communauté, pour tout ce qui concerne ses formes, la licitation des immeubles quand il y a lieu, *les effets du partage*, la garantie qui en résulte, et les soultes, est soumis à toutes les règles qui sont établies au titre *Des Successions* pour les partages entre cohéritiers. » L'effet déclaratif a donc aussi droit de bourgeoisie dans le titre cinquième du Code Napoléon. Nous allons rapidement signaler les dispositions éparses qui en portent l'empreinte.

Le premier article que nous trouvions sur notre route dans ce sens est l'article 1408, souvenir respecté de la loi romaine que la législation coutumière avait emprunté aux principes du droit écrit. Voici l'espèce : un époux, mari ou femme, était avant le mariage ou devient depuis copropriétaire d'un immeuble. Evidemment, la portion que lui donne dans cet immeuble sa qualité de copropriétaire est un propre, aux termes de l'article 1404. Mais, postérieurement au mariage, l'époux se rend adjudicataire sur licitation de la totalité de cet immeuble indivis, ou bien il l'acquiert de toute autre manière, par un achat volontaire, une transaction, etc...; la seconde portion ainsi acquise tombera-t-elle dans la communauté? Non, répond l'article 1408, dérogeant en cela au 3° de l'article 1401, qui comprend dans l'actif de la communauté les immeubles acquis pendant le mariage. La portion acquise restera propre à l'époux acquéreur, par cette raison qu'il y avait indivision, et que, l'indivision ayant cessé par un partage ou acte équipollent à partage, l'effet rétroactif se produit. L'époux est censé avoir été propriétaire de la portion nouvellement acquise en même temps que de l'autre; or, l'autre ne tombant pas dans la communauté, cette dernière n'y tombera pas davantage. L'immeuble sera propre pour la totalité, et non conquêt, sauf récompense à la communauté. Le motif qui fait produire ici à l'article 883 l'attraction de l'acquêt au propre est facile à comprendre. L'époux, en acquérant le complément de sa part indivise, a voulu sortir d'indivision. Or, ce but serait manqué sans le bénéfice de la rétroactivité, qui empêche une nouvelle indivision de se substituer à la première. Du reste, et pour prémunir la femme contre une acquisition intempestive et légère du mari, notre article se termine par une innovation de l'ancienne jurisprudence sur la loi romaine : c'est l'option ingénieuse qui lui est accordée, à la dissolution de la communauté, d'abandonner ou de retirer l'immeuble, selon l'inspiration de ses intérêts.

Ajoutons que, bien que l'article 1408 soit placé dans le chapitre de la Communauté, il peut et doit être transporté sous la rubrique du Régime dotal. Son origine, à laquelle nous avons déjà fait allusion, étend jusque-là son empire. Il a pris naissance au sujet de la dot (1.78, § 4, *De Jure dotium*), il ne saurait donc renier son berceau. L'ancienne jurisprudence était dans ce sens et décidait, ainsi que nous devons le décider encore, que la portion indivise d'un immeuble dotal acquise pendant le mariage par la femme ou par son mari, était aussi frappée de dotalité, et que, par conséquent, le mari ne pouvait pas l'aliéner.

Une seconde hypothèse du régime de communauté, où l'on peut se poser la question de savoir si l'article 883 reçoit son application, est celle de l'arti-

cle 1423. Cet article, après avoir concédé au mari
la faculté de faire une donation testamentaire, pourvu qu'elle n'excède pas sa part dans la communauté,
prévoit d'abord le cas où l'effet de communauté légué par le mari tombe, par l'événement du partage,
au lot de ses héritiers. Nul doute! l'effet déclaratif se
produit comme dans tout partage ; les héritiers seront donc censés avoir toujours été propriétaires de la
chose tombée en leur lot du jour de la mort de leur
auteur, et le donataire aura le droit de la réclamer.
Mais *quid* si le partage ne fait pas entrer l'objet légué
par le mari dans les biens qui sont aux mains de ses
héritiers ? A ne consulter que les principes généraux,
le legs serait nul. En effet, l'article 883 s'appliquant,
les héritiers sont censés n'avoir jamais eu la propriété
de la chose léguée, non plus que le *de cujus*. Celui-
ci a donc disposé de ce qui ne lui appartenait pas ;
par conséquent, sa disposition subissant la loi de
l'article 1021, qui infirme le legs de la chose d'autrui, est radicalement nulle. Telle serait la conséquence directe où conduirait la logique des principes. Mais les rédacteurs considérèrent l'intention
présumée du testateur; cette intention est évidemment que le legs par lui fait reçoive son exécution

d'une façon ou de l'autre ; or, c'est ce qui n'arrive-
rait guère si l'on en faisait dépendre la validité des
hasards d'un partage. Les héritiers du mari s'enten-
draient, par un accord secret avec la femme, pour
faire tomber dans son lot l'objet légué ; la fraude ou-
vrirait un trop vaste champ à de telles manœuvres.
Le législateur lui ferme l'entrée de la carrière par la
disposition finale de l'article 1423. Si l'effet légué
ne tombe point au lot des héritiers qui en doivent la
délivrance, ils n'y gagnent rien pour autant, car ils
sont forcés de l'acquitter en argent, au moyen d'une
somme représentative de sa valeur. Dès lors le résultat du partage leur devient indifférent, et le legs est
toujours valable. Il y a donc application de l'article
883 d'un côté, et dérogation de l'autre à sa disposition.

Mais si le legs d'un corps certain de la communauté
avait été fait par la femme, et non par le mari, l'article 883 nous semble, dans ce cas, devoir reprendre
son empire absolu. L'objet tombe-t-il au lot des héritiers de la femme, le légataire pourra valablement le
réclamer, car la femme et ses héritiers, par elle, seront censés en avoir toujours été propriétaires. Echoit-
il au contraire au mari, la femme est censée n'en

avoir jamais eu la propriété; elle a légué la chose d'autrui, le legs est nul (art. 1021). On ne peut pas appliquer ici par analogie la disposition finale de l'article 1423, cette disposition étant une dérogation au droit commun, fondée sur la qualité qui compète au mari d'administrateur avec pouvoirs illimités, de chef suprême de la communauté ; une telle exception ne saurait s'étendre de plein droit à la femme, qui ne peut revendiquer aucun de ces titres. L'unique ressource du légataire, dans l'espèce, est d'user du bénéfice de l'article 882, qui lui permet d'intervenir au partage, afin d'empêcher qu'on agisse en fraude de ses droits.

En remontant ainsi dans la communauté conjugale pour y découvrir les traces de la fiction de l'article 883, nous arrivons à l'article 1476, que nous avons reproduit dans sa teneur exacte. Nous y avons lu, entre autres dispositions, que les effets du partage, en matière de communauté, sont les mêmes que ceux d'un partage de succession. Chacun des époux est donc censé, après la dissolution de la communauté, avoir toujours été propriétaire des objets compris dans son lot et n'avoir jamais eu aucun droit sur ceux échus à la part de l'autre. Mais qui veut le principe veut les conséquences; si nous admettons la rétroactivité du partage, admettrons-nous aussi la chute des hypothèques constituées, durant la communauté, par le mari sur l'immeuble venu aux mains de la femme? La femme, en d'autres termes, pourra-t-elle répondre à l'action hypothécaire intentée contre elle par les créanciers personnels du mari, en raison de l'immeuble qu'elle détient : « C'est à tort que vous m'attaquez, je ne vous dois rien ; en vertu de l'effet déclaratif attaché au partage, l'immeuble dont je suis actuellement propriétaire m'a toujours appartenu ; mon mari n'en a donc jamais eu la propriété, et s'il n'en a pas été propriétaire, il n'a pu l'hypothéquer. » Il est évident que la femme ne serait point admise à tenir un semblable langage. L'immeuble, en effet, appartenait à la communauté, et le mari, son représentant, avait en cette qualité le droit de l'hypothéquer ; l'article 1421 le lui reconnaît formellement ; la femme, succédant à la communauté, l'a reçu dans l'état où il se trouvait, c'est-à-dire avec les charges dont il était affecté.

Est-ce donc à dire, comme des auteurs le prétendent, que l'article 883 doit être restreint en matière de communauté, qu'il n'y produit pas son effet aussi largement qu'au titre *Des Successions?* Non, rien n'est plus faux qu'une telle assertion. Nous en appelons à la lettre de l'article 1476 ; il faudrait être bien habile pour y découvrir la trace d'une restriction. L'effet rétroactif se produit, et chacun des époux ou ses héritiers sont censés avoir été propriétaires *ab initio* des objets échus à leur lot. Mais où faut-il placer l'*initium?* c'est là toute la question. Il est évident qui si on le reporte jusqu'au jour où l'immeuble est entré dans la communauté, et que l'on reconnaisse, comme on doit en effet le reconnaître, le maintien, nonobstant partage, de l'hypothèque constituée pendant la communauté par le mari, on renverse la disposition de l'article 883. Mais que si, au contraire, on fait remonter le partage de la communauté, quant à ses effets, au jour seulement de la dissolution de cette communauté, on retrouve l'application entière et absolue de la fiction ; l'hypothèque consentie par le mari, depuis cette époque, sera nulle par rapport à la femme, car elle est censée avoir succédé *seule* à la communauté, relativement à l'immeuble mis dans son lot. C'est là, en effet, ce qu'il faut décider. Toute l'erreur des auteurs que nous combattons provient de ce qu'ils font remonter trop haut l'effet de la fiction. Donc, en attendant que nous discutions cette question avec les détails qu'elle comporte, car elle se représentera sur notre route, en matière de société, tenons pour certain que l'effet déclaratif n'est pas autre pour le partage d'une communauté que pour celui d'une succession.

Bien plus, en dehors même des cas prévus par le Code, la fiction de l'article 883 peut exercer son influence dans l'étendue de ce domaine. Par exemple, si une succession partie mobilière, partie immobilière, échoit pour une portion indivise à l'un des époux mariés sous le régime de communauté, et si cet époux n'obtient, par l'effet du partage, qu'une portion de valeurs mobilières ou immobilières inférieures à sa part héréditaire, nous n'hésitons pas à admettre que les droits de la communauté sont définitivement réglés par le partage, et que ni la communauté ni l'époux n'ont droit à une récompense. Lebrun soutenait une opinion contraire, s'appuyant sur cette considération : « qu'il ne faut pas, en matière de communauté, invoquer les maximes des successions, mais se décider eu égard aux causes et non aux objets des actions. » Cette doctrine, repoussée par Pothier, sous l'autorité duquel nous nous abritons, ne saurait subsister aujourd'hui devant la lettre si explicite de l'article 1476.

De même encore, lorsque le partage se fait par voie de licitation ou se trouve mélangé de soulte, nous admettons que la soulte et le prix de licitation tombent dans la communauté sans récompense, alors même qu'ils représentent des valeurs immobilières. Cette décision n'est que l'application directe de la fiction d'après laquelle l'époux est censé avoir toujours été propriétaire des deniers auxquels son droit s'est trouvé restreint par l'effet du partage, et n'avoir jamais possédé l'immeuble échu à ses cohéritiers. En vain opposerait-on qu'en matière de communauté on doit s'en tenir purement et simplement à la cause de la créance, et que l'on considère comme propre tout ce qui, pendant le mariage, prend la place d'un propre. Ce principe est sans application à notre hypothèse; car, d'après la loi elle-même, la soulte ne remplace rien et n'est pas substituée à un immeuble sur lequel le copropriétaire est réputé n'avoir jamais eu aucun droit. Qu'on ne dise pas non plus que le retour ne peut tomber dans la communauté, parce qu'étant tiré de sa bourse par l'héritier qui en est chargé, il ne constitue pas un effet de la

succession ; car le but de l'article 883 est précisément de substituer à la réalité une fiction qui regarde la soulte comme faisant partie des valeurs de
la succession. Nous avons démontré, soit par le texte,
soit par l'esprit de la loi, que l'article 883 renferme
la licitation et le partage avec soulte aussi bien que
le partage pur et simple. N'y aurait-il pas contradiction à soutenir que l'époux doit accepter sans réserve les résultats du partage pur et simple, tout en
conservant par devers soi la faculté de rejeter ceux
du partage avec soulte ou de la licitation ?

SECTION IV.

Entre époux mariés sous le régime dotal.

La fiction du caractère déclaratif attribué au partage s'étend-elle jusqu'au régime dotal, ou trouve-
t-elle, dans les règles qui le constituent, ses colonnes
d'Hercule ? L'esprit serait tenté d'incliner vers cette
dernière opinion. Le régime dotal en effet, enfant
du droit romain légitimé par le Code, est redevable
à nos pays de droit écrit du bénéfice de l'adoption.
C'est là qu'il fut accueilli dans son exil et qu'il prit,
pour ainsi dire, une seconde vie, au sortir de l'ère

barbare. Or, les pays de droit écrit, fidèles aux principes de la législation Justinienne, avaient repoussé
cette innovation de rétroactivité dont la France coutumière décorait le partage, et, par même raison
qu'ils donnaient droit de bourgeoisie au régime dotal, ils conservaient précieusement cette notion trans-
mise par le Digeste et reconnue vraie par la raison,
que le partage est un acte translatif de propriété. On
pourrait donc croire que, le régime dotal ayant passé
dans le Code Napoléon avec ses vieilles préventions,
la Maxime de l'article 883 ne saurait y étendre ses
ramifications. Il n'en est cependant rien ; elle y ren-
contre des cas d'application non moins que sous le
régime de communauté. Car, s'il est vrai que le régime dotal ait été admis à l'honneur d'un chapitre
distinct au titre *Du Contrat de mariage*, il est aussi
vrai que sa réception n'a pas été l'œuvre spontanée
du législateur. Les rédacteurs, à tort ou à raison,
involontairement ou à dessein, l'avaient oublié dans
leur projet ; la section de législation, de son côté, ne
s'en était pas autrement inquiétée. Ce ne fut qu'aux
vives réclamations des provinces méridionales, an-
crées dans ce système, que l'on crut devoir lui faire
l'honneur d'une mention spéciale. Mais, en même

temps, il ressort clairement de l'esprit de résistance, presque d'opposition, que le législateur fit servir de préambule à son intronisation forcée, que le régime dotal ne fut admis sur le pied d'égalité avec le régime de communauté qu'à la condition de rester, comme lui, soumis aux règles fondamentales de notre droit et originaires de la coutume. La règle de l'article 883 est du nombre. Notre Code ne se compose pas de titres isolés, sans lien et sans unité ; la loi du 24 ventôse an XII, les ayant tous réunis en un même corps, leur a donné même force législative. Notre devoir est donc de les interpréter l'un par l'autre, et nous y manquerions en frappant d'une abrogation arbitraire des principes consacrés, il est vrai, au titre *Des Successions*, mais que leur généralité commande d'appliquer en dehors de ces limites restreintes. Reconnaissons donc au régime dotal la possibilité de subir les effets de notre fiction.

Nous examinerons la combinaison de l'article 883 avec les règles du régime dotal à deux points de vue principaux : 1° relativement à l'étendue de la constitution de dot ; 2° sous le rapport des formes du partage de la chose indivise qui fait partie de la dot de la femme.

Quant au premier point, des distinctions sont nécessaires. L'article 1558, 6ᵉ alinéa, poursuivant son
énumération des cas assez rares dans lesquels l'immeuble dotal peut être aliéné, contrairement à la
prohibition de l'article 1554, vise l'hypothèse où
l'immeuble, se trouvant indivis avec des tiers, est
reconnu impartageable. Il écarte par là même les
circonstances diverses où soit les époux, soit les tiers
copropriétaires demanderaient un partage en nature.
C'est un axiome en droit que nul n'est tenu de rester
dans l'indivision (art. 815) : il est donc inutile de
demander aux tribunaux une coûteuse et lente autorisation, qu'ils ne sauraient refuser. Les formalités
de la permission de justice, des enchères, de la tri-
ple affiche, ne s'appliquent que si le partage ne peut
pas avoir lieu commodément et sans perte, c'est-à-
dire au cas de licitation. Ce n'est qu'à ce moment
que devient nécessaire l'intervention de la justice, à
l'effet de vérifier si l'immeuble est réellement impartageable.

Cela posé, l'immeuble indivis frappé de dotalité
pour partie peut être adjugé en totalité soit à la femme, soit au copropriétaire, soit au mari. Que si l'adjudication est tranchée au profit de la femme, quel

sera le sort de l'immeuble? Deviendra-t-il dotal pour le tout? restera-t-il affecté de ce caractère pour partie seulement? C'est ici que nous devons reconnaître le mérite des distinctions annoncées. La femme a-t-elle constitué en dot tous ses biens présents et à venir? Nulle difficulté : tout ce que la femme se constitue est dotal, aux termes de l'article 1541; or, dans la dénomination de biens à venir, elle a évidemment compris l'immeuble en question : donc il sera dotal pour le tout. A-t-elle constitué ses biens présents seulement, et l'immeuble licité était-il compris dans les biens d'une succession ouverte lors du mariage? Même solution doit être adoptée. L'effet rétroactif de la licitation se produit ; l'immeuble est frappé de dotalité aussi bien dans la portion nouvellement acquise que dans celle dont la femme était propriétaire au moment du mariage. La raison est que la licitation étant déclarative de propriété, l'immeuble est réputé lui avoir appartenu en entier avant le mariage. Mais si (troisième hypothèse) la femme avait restreint la constitution à sa part dans l'objet indivis, il en serait tout autrement; l'effet rétroactif des partages perd sa puissance. En effet, au moment du mariage elle a restreint la dotalité dans un cercle déterminé que nul événement postérieur ne saurait élargir. Elle a déclaré apporter en dot son tiers ou son quart indivis ; ce tiers ou ce quart sera seul dotal : tout ce qui excède sa part demeure paraphernal. Ne pas décider ainsi serait aller contre l'intention des parties, contre le vœu du législateur. Ce serait indirectement augmenter la dot pendant le mariage, ce que défend explicitement la disposition de l'article 1543, sage et vénérable écho de la loi romaine (L. 78, § 4, Dig., *De Jure dot.*).

Nous avons supposé jusqu'ici que la femme s'était rendue adjudicataire. Que si l'adjudication a eu lieu au profit de son copropriétaire, pas de doute que le prix revenant à la femme ne soit dotal comme la portion indivise à laquelle il se substitue, et qu'il ne doive, en cette qualité, tourner à son profit.

Enfin l'adjudication a-t-elle été tranchée au profit du mari, rien dans l'immeuble n'échappera à la dotalité. Nous reproduisons ici le raisonnement précédemment fait par nous sur l'article 1408. Il est clair que l'époux, en se portant adjudicataire, a agi non pour lui, mais pour la femme, en qualité de mandataire, à l'effet de lui acquérir la totalité d'un immeuble auquel la rattachent des liens d'affection.

Autrement, ce serait substituer une indivision nouvelle à la première, ce qui ne saurait gratuitement se supposer. Seulement, et par analogie de motifs, nous accorderons à la femme, le mariage dissous, la même faculté d'option qui compète à la femme mariée sous le régime de la communauté. Nous avions déjà fait pressentir ce résultat.

Passons maintenant au second point signalé, c'est-à-dire aux formes du partage de l'immeuble dotal indivis. Le mari a-t-il qualité pour provoquer, sans le concours de sa femme, un partage définitif de biens dotaux? Cette question se rattache encore, comme nous allons le voir, à l'effet déclaratif du partage. Plusieurs auteurs tiennent pour la négative. Leur principal argument se tire des dispositions de la loi romaine. Sous l'empire de cette législation, le mari, quoique muni de l'action en revendication des biens dotaux, n'avait pas le droit d'en provoquer le partage lorsqu'ils étaient indivis. La loi 2, au Code, *De Fundo dotali*, bannit toute espèce de doute à ce sujet. L'empereur Gordien y établit la distinction suivante : Le mari qui aura reçu en dot un fonds indivis, sans que l'estimation en ait été faite (*inœsti-matum*), pourra être provoqué au partage ; mais il ne pourra lui-même en intenter l'action : le rôle seul de défendeur lui est permis. Cette décision se justifie admirablement par la connaissance des principes des jurisconsultes de Rome sur le partage. Qu'ils y découvrissent une vente ou un échange, le fait est que le caractère d'aliénation dominait pour eux dans ce contrat. Or, le mari, primitivement maître de la dot (*dominus dotis*) avant le règne d'Auguste, maître par conséquent de l'aliéner et de l'hypothéquer à son gré, avait vu, à partir du règne de ce prince, son pouvoir successivement restreint dans des bornes plus étroites, d'abord par la loi *Julia,* qui, disposant pour l'Italie seulement et permettant l'aliénation de l'immeuble dotal avec le consentement de la femme, en défendait l'hypothèque, fût-elle autorisée par elle; puis, par la Constitution de Justinien, qui, cédant à la sage considération de la fragilité féminine non moins qu'à ce penchant qui lui valut l'épithète d'*Uxorius*, réunit la faculté d'aliéner et celle d'hypothéquer dans une même prohibition étendue jusqu'aux provinces. Le mari n'ayant donc plus le droit ni d'aliéner ni d'hypothéquer le fonds dotal, ne pouvait en provoquer le partage, sorte d'aliénation manifeste aux yeux des Labéons d'alors.

Mais peut-on, de gaîté de cœur, transporter cette décision jusqu'au milieu de nos lois? Peut-on argumenter, par analogie, d'une législation à l'autre? C'est oublier l'interversion opérée par les juristes du moyen-âge dans les règles du partage. Sans doute, encore chez nous comme dans les compilations du Bas-Empire, existe la prohibition absolue de l'aliénation ou de l'hypothèque des immeubles constitués en dot (art. 1554). A ce titre, le partage ne pourrait être provoqué par le mari, si le partage était une aliénation. Mais nous avons vu ce contrat revêtir la forme déclarative, la fiction se substituer à la réalité des principes du droit romain. Dès lors, les principes changés, la raison n'existe plus d'en appliquer les conséquences, et le mari peut provoquer le partage, comme il peut agir par revendication ou par toute autre action. Pourquoi cette action, plutôt que les autres, serait-elle interdite au mari? En vertu du droit romain? Nous venons de démontrer son incompétence dans la question. Par la puissance des dispositions du droit moderne? Elles ne nous paraissent guère plus concluantes. On argumente de l'article 818, où est insérée cette phrase incidente : « A l'égard des objets qui ne tombent pas en communauté, le mari ne peut en provoquer le partage sans le concours de sa femme. » A quoi nous répondons que l'article 818 est une règle créée pour le régime de communauté et qui n'a point trait au régime dotal, lequel n'était pas encore venu à la pensée du législateur lors de la rédaction de ce chapitre VI : *Du Partage et des Rapports.* Le véritable texte à invoquer, pour dénouer la difficulté, est celui de l'article 1549, qui donne au mari seul l'administration des biens dotaux pendant le mariage. Or, administrer est un mot collectif qui compte au nombre de ses attributs le droit de provoquer le partage. C'est ce qu'exprime un arrêt de la Cour d'Aix (9 janv. 1810) dans un considérant ainsi conçu : « *Une demande en partage* de biens dotaux n'étant dans le fait qu'une demande contre les détenteurs de ces biens, se trouve conséquemment dans les attributions du mari, aux termes de l'article 1549 du Code Napoléon, et la législation n'a porté, quant à ce, aucune atteinte à la latitude du mandat qu'il avait reçu de son épouse dans son contrat de mariage. » Rangeons-nous donc de l'avis de cet arrêt, et reconnaissons au mari le droit de provoquer, sans le concours de la femme, un partage définitif des biens dotaux.

Nous allons encore plus loin. De ce que le partage n'emporte pas aliénation, nous tirons cette conséquence que le mari peut, de concert avec la femme, procéder à un partage amiable de la chose constituée en dot, et nous assimilons au partage la licitation et le partage avec soulte. Dans l'ancienne jurisprudence, plusieurs Parlements avaient résolu la question dans ce sens; la jurisprudence moderne doit, à plus forte raison, admettre la même solution, à la lecture des articles 819 et 838 du Code Napoléon.

SECTION V.

Entre associés.

« Les règles concernant le partage des successions, la forme de ce partage et les obligations qui en résultent entre les cohéritiers s'appliquent aux partages entre associés. » Ainsi s'exprime l'article 1872 du Code Napoléon. La conséquence évidente à en tirer, c'est que la fiction de l'article 883, relative aux cohéritiers, doit également s'appliquer aux associés, et que ceux-ci sont soumis à toutes les déductions examinées ci-dessus. Des auteurs ont cependant élevé des doutes sur ce résultat. L'article 1872, disent-ils, renvoie la société aux règles du partage d'une succession, mais seulement pour *les formes et les obligations* qui en résultent entre cohéritiers. Quant aux effets, il garde le silence. Cet argument de texte pourrait, à notre avis, se réfuter par le texte lui-même. Lisons les premiers mots de l'article : *Les règles concernant le partage des successions.* Ce mot *partage* comprend dans sa généralité le principe de l'article 883. Le législateur, parlant de la cause productrice, n'en a pas entendu exclure les effets. Mais une raison de décider plus convaincante encore nous est fournie par l'histoire. Nous avons déjà signalé, en traitant de la communauté, les autorités illustres de notre ancienne France, qui appliquaient la règle nouvelle à tous les partages, quel que fût le motif de l'indivision. La voix de Dumoulin fut religieusement écoutée, et Pothier, sous son inspiration, n'hésita pas à étendre à tous les cas d'indivision l'effet déclaratif des partages. La société y fut donc comprise. Le Code aurait-il prétendu fouler aux pieds cette croyance respectée de nos vieux juristes? Nous en appelons aux travaux préparatoires du Code : ils vont nous donner la réponse. Voici comment, à ce sujet, formulait sa pensée l'orateur du Gouvernement, M. Treilhard, dans la séance du Corps législatif du 10 ventôse au XII : « ….. Mais, pour tout ce qui concerne les formes du partage, *ses effets* et les causes qui peuvent en opérer la rescision, nous avons dû renvoyer au chapitre VI du titre *Des Successions*, qui présente sur cette matière des dispositions auxquelles nous n'avons rien à ajouter. » Quoi de plus clair, sinon ces quelques paroles extraites du rapport fait au tribunat par M. Boutteville, le 14 ventôse de l'an XII : « La législation sur le partage des successions est donc, comme l'indique le projet, nécessairement celle du partage des sociétés. » Devant une opinion manifestée en ces termes, les doutes doivent se dissiper, et, à la double clarté de l'élément historique et de la volonté législative, on doit tenir pour incontestable que l'article 883 étend un de ses rameaux jusque dans le terrain de la société. La jurisprudence confirme cette extension par les arrêts de Cassation, à la date des 24 mars 1823 et 14 juillet 1824.

S'il s'agissait pourtant d'une société de commerce à laquelle donne seulement une vie légale envers les

tiers la publicité accomplie suivant les formes pres-
crites au Code de commerce, nul doute que le défaut
de publicité ne dût empêcher l'application de la
fiction (Cass., 23 mars 1825).

C'est ici que se reproduit la question que nous
n'avons fait que toucher en passant dans la section
de la Communauté, et qui se résume en cette vérité,
qui est pour nous un axiome : jamais il n'est possible de faire rétroagir le partage au-delà du jour où
a commencé l'indivision. Point de difficulté dans
l'hypothèse même de l'article 883, non plus que
dans les cas divers où les copropriétaires tiennent
leurs droits soit d'un legs, soit d'une donation, soit
d'une vente faite conjointement à plusieurs, sans
attribution de parts. Le désaccord ne commence
qu'au sujet de la combinaison des articles 1476 et
1872, relatifs aux sociétés conjugales, civiles et
commerciales, avec l'article 883, par lequel ils doivent être complétés. Presque tous les auteurs,
M. Troplong en tête, transportant au sein de ces
sociétés la fiction de l'article 883, avec des pouvoirs illimités, les considèrent comme non avenues
et font remonter les droits des associés, non pas à
l'époque de la dissolution, mais à celle de la forma-

tion du contrat. Cette opinion nous semble entachée d'une grave erreur. Les auteurs dont nous contredisons la doctrine l'ont sans doute recueillie dans Pothier, qui s'exprime ainsi en un passage de son contrat de société : « Les choses échues en chaque lot sont censées avoir *toujours* seules composé la part qu'avait en la communauté celui au lot duquel elles sont échues. Il est censé avoir été seul propriétaire de ces choses *depuis qu'elles ont été mises en la communauté* ou acquises pour le compte de la communauté, et n'avoir jamais eu aucune part, *depuis que la communauté a été contractée*, dans les choses échues aux lots des copartageants. » Cette opinion, pour être professée par Pothier, n'en est pas meilleure, et nous ne reconnaissons pas là l'exactitude ordinaire du jurisconsulte d'Orléans. En effet, si la maxime que le partage est déclaratif de propriété efface rétroactivement le temps d'indivision qui a précédé, là se borne sa puissance : elle ne va pas jusqu'à effacer la société elle-même, pendant la durée de laquelle l'indivision n'existait pas. Cela est incontestable pour les sociétés commerciales qui constituent un être de raison distinct et indépendant des membres qui les composent. Cette personne juridique étant seule propriétaire des biens sociaux, ces biens, tant qu'elle subsiste, ne peuvent être regardés comme la chose indivise de tous les associés. Ce n'est que lorsque la société se rompt que la fiction de l'article 883 reprend son empire. La dissolution de la personne juridique, en matière de société, correspond au décès de la personne civile, en matière de successions ; elle meurt, pour ainsi parler, et sa succession échoit aux associés. C'est alors, mais alors seulement, qu'ils sont censés tenir directement de la société les choses qui forment leurs lots.

D'autres auteurs, tout en admettant cette restriction relativement à la société commerciale, la repoussent à l'endroit des sociétés civiles et conjugales. Cette distinction ne me paraît pas fondée, et, sans discuter ici la question de savoir si elles constituent ou non des personnes morales, nous n'hésitons pas à les ranger sous la même règle. Notre système, en effet, développé avec talent par le continuateur de Toullier, a ce grand mérite, d'être homogène et concordant avec lui-même. Jamais, en dépit de l'espèce du partage, l'effet rétroactif ne pourra remonter au-delà du jour où l'indivision a pris naissance, et ce jour est celui de la mort du *de cujus* ou de la dissolution de la société. Que si nous admettons le système contraire, il faudra aller jusqu'à dire que les hypothèques constituées pendant la durée de la société, par l'un quelconque des associés, tombent au partage, en vertu de cette rétroactivité absolue. Or, c'est ce qu'aucun de nos adversaires n'ose soutenir. Ils s'arrêtent effrayés devant cette conséquence, aimant mieux paraître illogiques qu'absurdes. Le plus hardi de tous, M. Duranton, distingue et admet seulement la résolution des charges imposées, même durant la société, par l'un des copartageants, *pour son avantage personnel*. Quant à celles constituées par la société en personne, il les maintient intactes. Ces contradictions, ces distinctions arbitraires condamnent suffisamment un système qui ne saurait se soutenir devant un examen approfondi. Ne disons donc pas que chaque associé, après le partage, est censé avoir été propriétaire des effets compris dans son lot du jour où ils ont été mis dans la société, du jour du contrat ; mais, en reconnaissant au partage de l'actif social l'effet purement déclaratif, restreignons-le, en lui donnant pour limite le jour de la dissolution de la société.

Dans cette sage et juridique mesure, nous appliquerons aux partages entre associés toutes les conséquences que nous avons déduites, au commencement de ce chapitre, de la puissance de la fiction.

SECTION VI.

Relativement à la prescription.

Le partage, n'étant pas un acte translatif, ne peut être considéré comme un juste titre ni servir de point de départ à la prescription décennale ou vicennale. Ce qui ne veut pas dire que le partage ne produise jamais d'effet sur l'accomplissement de la prescription. Le caractère déclaratif qui lui est attribué peut exercer son influence en deux points principaux : le premier touche à la durée de la possession, le second à la suspension ou à l'interruption de la prescription.

Pour ce qui est du premier, supposons un immeuble, un fonds de terre indivis entre deux copropriétaires : l'un demeure dans le ressort de la Cour impériale dans l'étendue de laquelle le domaine est situé, l'autre dans un ressort différent. Aux termes de l'article 2265 du Code Napoléon, le possesseur de bonne foi, pourvu d'un juste titre, acquerra par la prescription décennale la part du propriétaire présent, tandis qu'il lui faudra dix ans encore pour acquérir la part de l'autre. Tels sont les résultats légaux. Mais ils ne sont que provisoires et susceptibles d'être modifiés par l'événement du partage. L'immeuble est-il attribué au copropriétaire domicilié dans le ressort? dix ans de possession auront suffi pour la totalité de l'immeuble; il en faudra vingt, au contraire, s'il devient la propriété exclusive de celui qui est domicilié dans le ressort d'une autre Cour impériale.

Quant à ce qui concerne la suspension et l'interruption de la possession, une espèce va nous démontrer encore l'influence de la fiction de l'article 883. Un tiers possède un immeuble indivis entre plusieurs copropriétaires, dont un mineur, et il commence à prescrire. La part du mineur est à l'abri sous la règle protectrice de l'article 2252, tandis que la prescription court à l'égard des autres communistes. Sur ces entrefaites, elle s'accomplit. Sera-t-elle définitivement acquise par le tiers possesseur? L'événement seul du partage apportera la réponse. L'immeuble tombe-t-il en entier au lot du mineur? la prescription accomplie pour les autres portions sera rétroactivement anéantie, le mineur n'eût-il été propriétaire que d'un mètre de l'immeuble. Il est censé, en effet, avoir toujours eu la propriété de la totalité de l'immeuble, tandis que les autres communistes n'y avaient aucun droit. L'attribution a-t-elle lieu, au contraire, en faveur de l'un des copropriétaires majeurs? celui-ci ne pourra se prévaloir, pour repousser la prescription acquise au possesseur, de la suspension opérée en faveur du mineur; car le mineur, étant réputé n'avoir jamais été propriétaire, n'a jamais pu suspendre la prescription.

De même, si nous supposons tous les copropriétaires majeurs, la prescription interrompue par l'un d'eux et l'immeuble à lui attribué en totalité par le partage, la fiction de l'article 883 a pour effet d'étendre l'interruption de prescription à la totalité de la chose. Mais l'immeuble vient-il aux mains de l'un des autres communistes, l'interruption ne lui servira pas, car celui qui pouvait l'invoquer étant censé n'avoir jamais été propriétaire, le communiste loti ne saurait s'y rattacher.

Tels sont les principaux cas d'application de la maxime que le partage est déclaratif de propriété.

Après en avoir examiné le jeu dans les diverses matières du droit civil, nous terminerons en proclamant
que nous ne sommes pas de ceux qui demandent contre elle au législateur un ostracisme impitoyable.
Nous ne regardons pas même comme nécessaire la
modification à l'article 882 proposée par la Cour impériale de Rennes et rapportée par M. Martin (du
Nord) dans ses documents relatifs au régime hypothécaire, à savoir que l'inscription vaudra opposition
à tout partage. La Cour de cassation, nous croyons
l'avoir assez démontré, a outrepassé ses pouvoirs, en
attaquant sans relâche cette conquête du droit coutumier sur le vieux droit de Rome. Ce n'est pas, d'un
autre côté, que nous voulions l'étendre démesuré-
ment; l'abus, en toute chose, doit être soigneuse-
ment évité ; mais nous pensons qu'employée dans
une juste mesure, elle est destinée à produire d'utiles
résultats. La famille et la propriété sont là pour le
confirmer.

CHAPITRE IV.

—

De la **Maxime** considérée au point de vue de la loi fiscale.

Jusqu'ici nous n'avons étudié la Maxime que dans ses rapports avec le droit civil. Il nous reste, pour compléter notre œuvre, à l'examiner dans ses rapports avec le Trésor et à constater les restrictions notables qu'elle a dû subir sur ce terrain nouveau.

Nous avons assisté, au chapitre premier de ce Mémoire, à la naissance des droits de mutation. Nous avons vu comment les seigneurs, forcés par les empiétements successifs et heureux de leurs vassaux de renoncer au double privilége d'intransmissibilité et d'inaliénabilité des fiefs, s'étaient du moins réservé, pour prix d'un consentement nécessaire, le droit de percevoir certains émoluments sur les transmissions de la propriété qui relevait de leur suzeraineté. Les Coutumes avaient consacré, par leur rédaction, des abus que le temps avait introduits. Cependant quelques biens échappèrent à la loi commune, et les rares possesseurs de ces *alleux* avaient fait bonne résistance à la règle féodale : *Nulle terre sans seigneur*. Mais un autre pouvoir allait surgir, devant lequel devaient s'évanouir ces derniers vestiges de liberté. A côté de la féodalité expirante s'élevait, après de longs siècles d'impuissance, l'autorité royale forte de sa sève et de sa jeunesse; ce qui avait échappé aux tentatives de la première devait tomber sous la main de la seconde. Déjà paraissaient, à visage découvert, ces deux maximes protectrices de la couronne : « Toute justice émane du roi ; » « Le roi est souverain fieffeux du royaume. » Aussi les agents du fisc, s'appuyant sur cette dernière qualification, firent passer, dans l'article 383 de l'ordonnance de 1629, que *tous héritages ne relevant d'autres seigneurs sont censés relever du roi*. La conséquence était le droit à payer au Trésor royal. L'arbitraire de la mesure était flagrant; les Parlements refusèrent l'enregistrement de l'article.

Néanmoins le fisc avait chaque jour à constater de nouveaux progrès. Pour ce qui est du partage, seule chose qui nous intéresse, deux arrêts du Con-

seil des 22 août 1694 et 11 janvier 1695 avaient
établi un droit de contrôle sur les partages de meubles ou d'immeubles qui seraient faits par les no-
taires royaux ou par les greffiers des juridictions.
Ces dispositions avaient été répétées par les déclarations des 19 mars 1696 et 14 juillet 1699 (art. 2
et 8). La législation du centième denier alla plus
loin. Composée d'une série d'édits ou de déclarations
émanées de l'autorité royale, et publiées de 1703 à
1708 sous le prétexte mensonger de constater les
mutations cachées au préjudice des seigneurs, mais
dans le but plus réel de frapper les héritages sans
distinction, par un retour à l'ordonnance de 1629,
cette législation ordonna l'enregistrement de tous les
contrats translatifs de propriété de biens immeubles, quelle que fût leur nature, moyennant le centième de leur valeur. Ici se représentait avec tout son
intérêt la question de savoir si ou non le partage
était translatif de propriété. Aucun doute ne fut sou-
levé sur le partage *qualifié*. Les agents du fisc reconnurent, ainsi que les seigneurs l'avaient fait, que ce
n'est point un titre d'acquisition, et que, partant, il
doit échapper à l'application du centième denier, dû
seulement pour les mutations de propriété ou d'u-

sufruit d'immeubles. Mais, quant au partage avec soulte et à la licitation, autre fut la décision. A cette époque, en effet, une espèce d'incertitude flottait sur ce sujet dans l'esprit des jurisconsultes. Le caractère déclaratif du partage tendait puissamment à se faire jour ; mais la longue controverse où Dumoulin avait joué un rôle si actif n'était pas complétement apaisée, et Guyot, pour fixer le droit commun, n'avait pas encore publié sa dissertation célèbre sur les licitations. Dix-huit ou vingt Coutumes soumettaient au paiement des droits les licitations et les partages avec soulte, lorsque la soulte était payée en deniers propres au copartageant. Les autres affranchissaient ces opérations, mais tout en y reconnaissant une mutation réelle de la propriété, une transmission qui, pour n'être ni vente ni échange, n'en constituait pas moins une aliénation. Le fisc avait à choisir entre ces deux opinions ; il n'hésita pas en faveur de la première. Les officiers du roi, dans la déclaration du 20 mars 1708 (art. 6), soumirent au droit de centième denier, contrairement aux dispositions de la Coutume de Paris, les soultes de partage et les prix de licitation. Deux arrêts du Conseil (28 mars 1722 et 18 juillet 1724) confirmèrent cette doctrine.

Les choses en étaient à ce point, lorsqu'éclata la révolution. Les droits seigneuriaux disparurent dans la fameuse nuit du 4 août 1789 ; le centième denier ne leur survécut que de quelques mois. Une loi du 5-19 décembre 1790 l'abrogea dans son entier et substitua aux droits de contrôle et de centième denier un droit unique, celui d'enregistrement. Mais trop modérée, d'un esprit trop large et trop confiant, cette loi ne devait pas durer ; elle fut remplacée à son tour par la loi du 22 frimaire an VII, véritable Code de l'enregistrement qui abroge toutes les dispositions précédentes (art. 75) et qui nous régit encore aujourd'hui, les lois postérieures n'ayant pour objet que de modifier les tarifs.

Son article 2 établit deux sortes de droits : les droits fixes et les droits proportionnels, suivant la nature des actes et mutations qui y sont assujettis. Le droit fixe, généralement considéré comme la représentation du salaire de la formalité, est un droit dont le montant ne varie pas. Ainsi, les acceptations pures et simples de successions sont tarifées au droit fixe d'un franc, de même que les renonciations, par l'article 68, § 1er, n°s 1 et 2 ; chaque héritier acceptant ou renonçant ne devra donc qu'un franc au Domaine, quelle que soit la valeur des biens compris dans la succession. Quant aux droits proportionnels, ils consistent dans une contribution assise sur les valeurs, et leur montant varie en raison de la valeur de l'objet imposé. Ils sont établis dans le rapport d'une somme à cent francs, c'est-à-dire que le contribuable devra payer autant de fois un franc, deux francs..... que l'objet imposé vaudra de fois cent, deux cents francs. La quotité de ces droits varie encore suivant la nature des objets transmis, le degré de parenté, l'espèce des libéralités, etc.

Ces préliminaires posés, disons de suite qu'il s'en faut bien que le Trésor ait donné sans restriction les mains à l'effet déclaratif. Il a procédé par voie de distinction.

Il reconnaît trois espèces de partages : le partage pur et simple, le partage avec soulte, la licitation.

Partage pur et simple.—Pour le premier, qui attribue aux copropriétaires, dans chacun des objets indivis, une part égale à leurs droits, le fisc se montre d'accord avec la loi civile. Il plie sous la fiction de l'article 883 et se contente de le taxer au droit fixe de trois francs. C'est le maintien de l'ancien droit de contrôle. En effet, sous la rubrique du paragraphe 3 de l'article 68 de la loi de frimaire : « Actes sujets à un droit fixe de trois francs, » nous lisons ces mots : « Les partages de biens meubles et immeubles entre copropriétaires, à quelque titre que ce soit, *pourvu qu'il en soit justifié.* » Remarquons les dernières expressions soulignées : il faut établir la preuve de la cause de l'indivision. L'article 45 de la loi de finances du 28 avril 1816 3°, reproduisant le paragraphe dans ses termes, élève le droit à cinq francs. Le partage en nature est donc purement déclaratif aux yeux de la loi fiscale.

Nous avons constaté, au chapitre précédent, la chute des hypothèques effectuée par l'attribution de l'immeuble grevé au lot d'un copartageant autre que le constituant. La formalité de la purge est donc inutile, et, par suite, celle de la transcription. Par conséquent, le droit de un et demi pour cent fixé par la loi du 21 ventôse an VII, qui, aux termes de l'article 54 de la loi du 28 avril 1816, doit être ajouté dans tous les cas où l'acte est de nature à être transcrit, ne doit pas l'être au droit fixe de cinq francs déterminé pour les partages purs et simples. De nombreux arrêts de la Cour de cassation laissent ce point hors de doute. Cependant, si en fait l'acte était présenté à la transcription, la Cour est d'avis que le droit proportionnel est dû ; par cette présentation, on reconnaît implicitement que la transcription est utile, notamment pour la purge à l'égard des anciens propriétaires : il faut payer cette utilité.

Ainsi donc, le partage proprement dit est soumis à l'effet déclaratif dans ses rapports avec la loi fiscale comme avec la loi civile. Conséquence, quant à la première : point de droit proportionnel, point de droit de transcription.

Mais là s'arrête l'assimilation ; les deux lois se sé-parent à ce point pour suivre des routes différentes. Le fisc est entré dans l'ornière creusée par le centième denier et par la majorité des Coutumes. Il découvre, dans le partage avec soulte et dans la licitation, une certaine transmission qui a un caractère particulier au premier cas, et qui est vente dans le second. Nous allons examiner successivement ces deux modes de sortir d'indivision.

Partage avec soulte. — Si l'un des copartageants paie une soulte aux autres, il doit le droit proportionnel à raison de la valeur jusqu'à concurrence de laquelle son lot surpasse celui de ses copartageants. En effet, le n° 2 précité, § 3, art. 68, de la loi de frimaire, ajoute *in fine* : « S'il y a retour, le droit sur ce qui en sera l'objet sera perçu aux taux réglés pour les ventes. Or, le § 5, art. 69, de la même loi, détermine ce taux à deux francs par cent francs pour les meubles, et le § 7 à quatre francs pour les immeubles. On voit l'esprit des législateurs du centième denier se reproduire ici.

Remarquons, du reste, que le partage avec soulte n'est frappé du droit proportionnel qu'autant que le copartageant doit payer là soulte de ses propres deniers. Rien de semblable si le paiement était effectué avec des biens héréditaires, tant meubles qu'immeubles. Notre loi fiscale ne saurait, en effet, être plus exigeante que le Conseil des finances rédigeant les édits du centième denier, ou que les vingt Coutumes par nous citées et copiées par lui. Or, c'était l'avis et du Conseil des finances et de ces Coutumes.

Mais *quid* du droit de transcription relativement aux immeubles? L'exigerons-nous ici? La loi de frimaire dit que le droit sur l'objet du retour sera perçu aux taux réglés pour les ventes. Or, l'ar-

ticle 52 de la loi du 28 avril 1816, rendant obliga-
toire le droit de transcription naguère facultatif et
le confondant avec celui d'enregistrement, des deux
n'en a plus fait qu'un seul, dont le montant est de
cinq et demi pour cent. Appliquerons-nous ce taux
au partage avec soulte ? Hâtons-nous de répondre par
la négative, d'accord en cela avec la jurisprudence
qui a débouté la régie de ses prétentions. L'administration s'était prononcée pour la perception du droit;
mais un arrêt de la Cour suprême (27 juillet 1819)
a rejeté, avec raison selon nous. Il est bien vrai sans
doute que la loi de 1816 a réuni les deux droits de
mutation et de transcription, mais pour les ventes
seulement. Or, les partages avec soulte contiennent
une transmission qui n'est pas la vente, mais qui a
un caractère particulier. La fiction de la loi civile
reprend tout son empire ; à ce point de vue, le partage même chargé de soulte n'est plus un acte translatif. Il revèt le caractère déclaratif, et dès lors n'est
plus de nature à être transcrit ; car, aux termes de
l'article 2181 du Code Napoléon, il n'y a que *les
contrats translatifs de propriété* qui soient soumis à
la nécessité de cette formalité.

Licitation. — Seconde dérogation de la loi fiscale à la loi civile. L'article 883 perd sa puissance, et la licitation, dépouillée de son caractère de partage, est soumise au droit proportionnel. La loi du 22 frimaire an VII a donné raison à la doctrine du centième denier ainsi qu'à celle de la majorité des Coutumes. Seulement, pour trancher d'avance les difficultés auxquelles pouvaient donner lieu des espèces semblables à celle sur laquelle intervint l'arrêt de 1538, le législateur frappa du droit proportionnel non pas les licitations, mais *les parts et portions acquises par la licitation*, si bien que le copartageant devenu adjudicataire sur licitation paie le droit jusqu'à concurrence de l'excédant de l'immeuble licité sur la part qui doit lui revenir. Ce droit est de deux pour cent quant aux meubles, et de quatre pour cent relativement aux immeubles (L. 22 frim. an VII, art. 69, § 5, n° 6, et § 7, n° 4).

Le législateur de l'an VII pensait avoir ôté tout prétexte à controverse en déclarant qu'il ne tarifait que *les parts et portions indivises acquises par la licitation.* L'administration devait lui prouver le contraire. Il semblerait que, pour estimer *la part acquise*, il faut prendre en considération le droit du colicitant dans toutes les masses héréditaires, et non pas son droit dans l'immeuble licité seulement ; car c'est un axiome en législation fiscale, qu'on ne doit pas deux droits pour un même objet. C'était, en effet, le système du centième denier, système adopté par la régie de l'enregistrement et fidèlement suivi depuis l'an VII jusqu'en 1835. Une instruction générale du 27 mars 1830 s'explique clairement à ce sujet : « On entend par *parts acquises*, dit-elle, ce qui est réellement acquis par un cohéritier au-delà de sa portion réelle dans la masse, et non dans un immeuble, qui n'est lui-même qu'une fraction de la masse. » Que si la perception a eu lieu, elle n'est que provisoire et sujette à restitution. En 1835, un redoublement de fiscalité dans les doctrines du Trésor fit rejeter ce système. Une décision du ministre des finances, à la date du 25 mai de cette année, abrogeant la jurisprudence antérieure, ordonne de percevoir à l'avenir sur la licitation, en déduisant seulement la part de l'héritier dans le lot à lui adjugé, sans restitution, quel que soit l'événement du partage : c'est la consécration pure et simple de l'arrêt rendu en faveur d'Agnès Buquet. Dans le second, qui considère le droit de l'héritier relativement à l'immeuble licité seulement, si nous supposons quatre héritiers, quatre immeubles et quatre licitations faisant arriver un immeuble à chaque héritier, il est évident que chacun d'eux sera obligé de payer le droit proportionnel de quatre pour cent pour les trois quarts de l'immeuble, quoiqu'en réalité il n'ait rien reçu au-delà de sa part. Deux droits seront donc perçus par le Trésor sur le même objet, puisque le cohéritier, ayant déjà payé un droit proportionnel de mutation par décès, paie un second droit sans faire d'acquisition nouvelle. Telle est la prétention de l'administration; les Tribunaux la rejettent, mais en vain. La Cour suprême, par de nombreux arrêts rendus depuis le 14 novembre 1837 jusqu'à ce jour, casse constamment leurs décisions. On reconnaît là cette tendance favorable aux intérêts du fisc, qui a si profondément modifié l'article 888.

Le droit de transcription est-il dû pour les licitations? C'est là une des graves difficultés du sujet, et nous ne croyons pas pouvoir mieux faire que de nous inspirer des solutions récemment données à son cours par notre savant professeur de droit administratif, M. Serrigny. A ne considérer que les rigoureuses déductions de la logique, la négative paraît évidente. L'article 883 du Code Napoléon assimile la licitation au partage ; l'article 888 du même Code confirme cette doctrine. L'acte qui fait cesser l'indivision est toujours considéré comme un acte de partage ; s'il est partage, il ne saurait avoir le caractère translatif. Or, l'article 2181 ne reconnaît susceptibles d'être transcrits que les contrats translatifs de propriété, assertion confirmée par l'article 834 du Code de procédure civile, qui ne parle que des aliénations. Donc la licitation, ne devant pas être transcrite, ne saurait donner lieu au droit de transcription. Et, d'ailleurs, comment percevrait-on ce droit? La loi du 21 ventôse an VII ordonne qu'il soit perçu sur *le prix intégral* des mutations, tandis que le droit d'enregistrement n'est dû que pour *les parts acquises*. Eh bien! depuis que la loi de 1816 a confondu les deux droits en un seul, quel sera celui dont le caractère prédominera? Percevra-t-on sur *le prix intégral* ou sur *la part acquise?*

La Cour de cassation, sans se rendre à ces objections puissantes, n'a pourtant point donné gain de cause au système inverse. Elle a distingué le cas où les licitations sont offertes à la transcription de celui où cette formalité n'est point accomplie. L'acte est-il simplement présenté à l'enregistrement, ainsi que besoin est, le droit d'enregistrement seul sera perçu, c'est-à-dire quatre pour cent, et ce pour les raisons précédemment développées. Inutile serait la transcription pour purger des hypothèques qui s'évanouissent de par la loi. Mais qu'arrivera-t-il si plus tard l'adjudicataire, pensant qu'il est de son intérêt de faire transcrire, présente l'acte à la transcription? C'est la seconde partie de la distinction. Des auteurs, conservant même solution pour ce cas, refusent la perception du droit proportionnel de transcription sous l'influence des mêmes raisons de décider : ce n'est point un acte translatif; donc la transcription est inutile, et le droit fixe seul peut être exigé. Mais la Cour de cassation, rejetant cette théorie absolue, décide que dans cette hypothèse il y a lieu de percevoir le droit proportionnel. En effet, la transcription n'est point inutile à ses yeux; car elle peut servir à purger les hypothèques consenties par les propriétaires antérieurs, par le défunt.

Mais ici se représente l'objection formulée par nous quelques lignes plus haut : quels seront alors les droits à percevoir? Devra-t-on faire porter la perception sur le prix intégral des mutations? De-

vra-t-on, au contraire, déduire, comme pour l'enregistrement, la part jusqu'à concurrence de laquelle
l'adjudicataire était antérieurement copropriétaire?
Cette dernière opinion a été soutenue, et on l'appuyait
sur les termes mêmes de la loi de ventôse : *Suivant
qu'il aura été réglé à l'enregistrement.* Ajoutons qu'elle
nous paraît de tous points juridique. La Cour de cassation ne l'a pourtant point admise. Cette solution était
facile à prévoir ; elle n'est que la conséquence de son
esprit de confraternité avec le Trésor. Elle ne veut pas
qu'on déduise la part de l'adjudicataire, sous prétexte
que la loi de ventôse, dont elle argumente aussi, est
formelle en ce qui concerne la perception du droit.
Voyez en effet comment elle s'exprime : « Le droit....
sera de un et demi pour cent *du prix intégral desdites
mutations.* » Elle ajoute, à la vérité, cette phrase
finale : « Suivant qu'il aura été réglé à l'enregistrement. » Mais cette disposition incidente ne suffit point
pour modifier le principe. D'ailleurs, ce droit de transcription a pour objet, non pas la mutation, mais les
effets utiles que peut produire la transcription. Or,
ici, son effet peut être de purger les hypothèques sur
les parts acquises tout aussi bien que sur la part dont
l'adjudicataire était déjà copropriétaire.

Ainsi, et pour résumer brièvement la doctrine consacrée par la Cour suprême, le droit de transcription n'est dû que lorsque l'acte de licitation est présenté à la transcription. Le droit simultané ne doit pas être perçu au moment de l'enregistrement.

Mais à cette règle générale la jurisprudence de la Cour apporte quelques exceptions qui peuvent se ramener à quatre principales.

Une première atteint les licitations où des étrangers se sont portés adjudicataires.

La seconde est admise dans les licitations où l'adjudication a été tranchée au profit d'héritiers bénéficiaires. Le double droit sera perçu dans cette circonstance, parce que l'héritier bénéficiaire ressemble, sous ce rapport, à un tiers ayant toujours à purger.

La troisième concerne le tiers qui, avant l'adjudication, a déjà acquis la part de l'un des cohéritiers. Notons encore que c'est là une question plus que douteuse, car il semble évident que le tiers doit être aux lieu et place de l'héritier, son cédant. Toutefois, la Cour suprême a décidé, en séance solennelle, que le double droit était dû. Deux motifs principaux l'ont guidée dans cette décision. D'abord l'article 883 est une disposition exceptionnelle que la loi n'établit que pour les cohéritiers, et non pour les tiers. En second lieu, les dangers de fraude seraient trop grands dans l'opinion contraire. Un tiers licitant, pour éluder le droit, acquerrait une part indivise très-minime, se rendrait ensuite adjudicataire sur la licitation et échapperait ainsi au droit de transcription.

La quatrième et dernière exception a lieu au cas où la licitation ne fait pas cesser complétement l'indivision. Il suffit de rappeler ce que nous avons longuement développé au chapitre III, à savoir que la Cour de cassation ne reconnaît le caractère déclaratif qu'aux actes qui font entièrement cesser l'indivision entre tous les copartageants.

Actes préparatoires à partage. — Bien que ces actes soient assimilés au partage, ainsi que nous l'avons précédemment démontré, le fisc ne percevra pas le droit sur chacun d'eux pris isolément, car ce n'est pas la faute des héritiers s'il y a eu plusieurs partages successifs pour arriver au partage définitif. Ils se réunissent tous dans ce dernier, comme les divers rameaux d'un arbre se rattachent au même tronc, et il n'y a en somme qu'un partage, puisque l'indivision ne peut cesser qu'une fois. Aussi ces actes préparatoires, ces partages au petit pied seront-ils assujettis, comme tous les actes innommés dans le tarif, au droit fixe d'un franc (art. 68, § 1er, n° 51).

Des partages d'ascendants. — Disons quelques mots, en terminant, des partages d'ascendants. Nous n'en avons point parlé jusqu'ici, car ces actes ne sont, à proprement parler, des partages que par le nom. Qu'est-ce en effet que le partage testamentaire? sans aucun doute, un acte de dernière volonté, et qui, à ce titre, est soumis aux principes qui régissent ces actes. Qu'est-ce que le partage entre vifs? une véritable donation, qui en produit actuellement et immédiatement tous les effets, et qui peut-être ne produira jamais ceux du partage. Toutefois, pour compléter les développements que nous avons donnés sur le partage au point de vue de la législation fiscale, nous devons rappeler que la loi du 22 frimaire an VII, article 69, frappait les donations entre vifs en ligne directe d'un droit plus élevé que celui des mutations par décès dans la même ligne. Or, il résulte du caractère de donation entre vifs que nous venons de reconnaître au partage d'ascendants, qu'il avait été soumis à ce même droit plus élevé. Lors de la rédaction de la loi de 1824, relative aux droits d'enregistrement et de timbre, une proposition fut faite, ayant pour objet de favoriser le partage entre vifs d'ascendants, et, pour ce, de mettre le droit perçu relativement à ce partage sur le pied de l'égalité avec le droit fixé pour les mutations par décès. La proposition fut adoptée, et le dégrèvement consacré par l'article 3 de la loi du 16 juin 1824. Le droit, « en ce qui concerne les donations portant partage faites par actes entre vifs, conformément aux articles 1075 et 1076 du Code Napoléon, par les père et mère ou autres ascendants, entre leurs enfants et descendants, » fut réduit à 25 cent. pour cent sur les biens meubles, et à 1 fr. pour cent sur les immeubles, ainsi qu'il est réglé pour les successions. Quant au droit de transcription de un et demi pour cent, ajouté au droit d'enregistrement par l'article 54 de la loi du 28 avril 1816, il ne sera pas forcément cumulé avec ce dernier. La loi ajoute, en effet, qu'il ne sera perçu que « lorsque la transcription sera requise au bureau des hypothèques. » Voilà ce qui nous restait à dire pour compléter ce quatrième et dernier chapitre. Quant aux diverses espèces que passe en revue M. Genty dans son excellent traité *Des Partages d'ascendants*, et auxquelles il refuse le bénéfice de la loi de 1824, nous ne saurions les reprendre sans encourir des reproches de longueurs, peut-être déjà mérités. Nous ajouterons seulement, sous forme de conclusion, que nous trouvons ses solutions marquées au coin d'une saine logique, et que nous inclinons à les adopter.

Et maintenant, après cet examen sommaire de la législation fiscale sur la question proposée, nous pouvons nous rendre un compte exact de l'énergie avec laquelle le Trésor, soutenu par la jurisprudence, cherche à ébranler l'effet purement déclaratif du partage. Le triomphe du principe n'avait été dû qu'aux luttes prolongées des feudistes contre l'avarice féodale. Les seigneurs, vaincus dans ces escarmouches incessantes, avaient fini par l'admettre, bien contre leur gré, et le principe s'était introduit, avec toute la puissance de la nouveauté, jusque dans la législation civile. La loi fiscale avait parlé ; la loi civile, après quelques hésitations, avait prêté l'oreille à cette parole. Aujourd'hui, par un de ces revirements si communs dans les fastes de l'humanité, la loi fiscale essaie de détruire son œuvre, et c'est la loi civile qui la protége. Mais cette dernière perd du terrain : le partage est déjà, dans plusieurs cas, traité comme la vente ; chaque jour il se voit enlever quelques parcelles de son domaine par la main avide de l'administration. La jurisprudence, en remaniant à son gré la lettre de l'article 888, a porté un coup fatal à l'article 883. Pareille à un fleuve qui remonterait lentement vers sa source, elle repasse par les mêmes problèmes et les résout en sens inverse. La décision de 1835 peut se mettre sous la date du 2 avril 1538 : elle nous ramène en plein seizième siècle, si bien que, comme le dit plaisamment M. Championnière, nous devrons bientôt consulter les Capitulaires ou la loi des Visigoths.

Cependant il ne faut pas oublier de mentionner un arrêt récent (mars 1851) par lequel la Cour de cassation, faisant halte un instant dans cette marche rétrograde, semble vouloir rendre au système déclaratif, même en matière fiscale, quelques-uns de ses attributs incessamment ravis. Elle introduit, au sujet de la licitation, une distinction nouvelle qui peut se résumer ainsi : L'héritier a payé l'excédant de la valeur de l'immeuble sur la part qui lui appartenait à titre d'héritier avec des biens héréditaires, des deniers de la succession ; l'article 883 s'applique dans son entier, et c'est le droit du partage proprement dit qui est perçu. Ou bien, cet excédant a été payé par l'héritier avec des deniers tirés de sa propre bourse, et alors, dans ce second cas, le caractère d'aliénation reparaissant sous la figure du partage, le droit proportionnel est perçu. Il est facile de pénétrer l'esprit qui a dicté cette distinction. La Cour suprême semble entrer dans une voie nouvelle : s'y maintiendra-t-elle? C'est ce que l'avenir seul pourra nous apprendre.

FIN.

TABLE DES MATIÈRES.

CHAPITRE II.

De l'esprit de la Maxime.

CHAPITRE III.

Des cas d'application de la Maxime.

SECTION PREMIÈRE.

Entre cohéritiers.

SECTION II.

Entre codonataires, colégataires et coacheteurs.

SECTION III.

Entre époux mariés sous le régime de la communauté.

SECTION IV.

Entre époux mariés sous le régime dotal.

SECTION V.

Entre associés.

SECTION VI.

Relativement à la prescription.

CHAPITRE IV.

De la Maxime considérée au point de vue de la loi fiscale.

FIN DE LA TABLE.

Dijon, Presses mécaniques de Loireau-Feuchot.